2050年戦略

モノづくり産業への提案

エネルギー、環境、社会インフラから考える

未来予想図

2050年戦略研究会 ———— 編著

化学工業日報社

推薦のことば

　本書は、モノづくりに関わる人にとって、2050 年までの羅針盤であり、地図となります。

　2050 年はすぐそこにありますが、変化が加速するため、どこに向かうかは不確実です。しかし、手元にある程度の地図があれば、今現在どこにいるのかが地図の中で相対的な位置を把握できます。

　私たちにとって見知らぬ場所は迷いやすいですし、遠く感じます。しかし、一度でも行ったことがある場所は近く感じますし、また多少迷ったときでも大通りに戻りやすくなります。

　それと同じように、2050 年までに起こりえることや、起こりうる方向性を 2017 年の時点で把握をしておけば、その地図を持っていない人に比べると遥かに有利になります。

　ただ、私たちは自分たちの経験やよくわかっている専門分野についてはある程度方向性が見えますが、わからない分野や海外については情報を集めることがとても大変です。国内外の調査機関が豊富な白書等を発表していますが、文章がわかりづらいうえ、データもバラバラなので、それをキュレーションすることは私たちにとって大きな負担がかかります。

　一方、本書は、数多くの専門家が集まり、私たちのそういった労力を軽減してくれています。特に、人口動態やグローバリゼーション、技術の変化やシンギュラリティの到来等、これから起こりうる重要な要素についてイベントを把握しておく必要があります。

　つまり、私たちは今後 2050 年までに自分の事業の発展というロールプレイングゲームをプレイする中で、本書は
「ゲームの攻略本」
のように、ある程度の道筋をつけてくれているのです。

　特にわが国においては個々の企業の努力よりも、国全体の人口動態

やエネルギー政策、交通ネットワークの進化や通貨の動向等、マクロ的な要素の方が自分たちの発展に対する影響が大きくなります。

残念ながら、こういった情報は、マスメディアからは手に入りませんし、だからといって専門家の話はポジショントークが多く、中立的な情報が手に入りにくくなっています。

本書の特徴は様々な変化予測に対して、専門家の理解のためのポジショントークをしていないことです。

客観的な情報に基づき、読者に寄り添い、過去の変化と、これから起こりうる未来について事実が求められた上で、将来の課題と方向性、そして提言がまとめられています。

本書をもとにどのように考えるかは、私たちの役割ですが、例えばAI（人工知能）が人間の一人の仕事を完全にシミュレーション可能な性能になるのが2025年、人間追い抜くシンギュラリティが2045年頃と予測されています。2025年とは、今からたったの8年後であり、私たちが8年後までに準備をしなければならないこともたくさんあるのです。

ぜひ、一刻も早く本書を手に取り、2050年までの地図を手に取ることをおすすめします。

2017年12月

勝間 和代

はじめに

　第二次世界大戦が終了して既に 72 年経過しているが、実は明治維新から第二次世界大戦の開始までが 73 年で、ちょうど同じくらいの年月が既に過ぎていることになる。我が国の経済社会は、そろそろ戦後スキームの限界点に達し、行き詰まり感を否定し得ない。そのような意味で、第二の幕末の時代を迎えているのではないかという感を持つ人は多いのではないかと思う。また、世界の経済規模は拡大し、人口は増え、地球環境の持つキャパシティに対して、人類の活動は限界に達しようとしている。このような意味からみても、世界も我が国も戦後の文明の分岐点に来ているように思われる。一方で、ICT 技術の発達に伴い、情報の伝達速度は速くなり、世界中に情報は伝わるようになった。これに伴い、時代の進むスピードも一段と加速しているように感じられる。加速する時代の流れの中で先を読むことはますます難しくなり、多くの人は時代の趨勢に流されることになるが、このような時代であるからこそ、将来に対して戦略的に行動するかどうかが問われるのではないかと思う。我が国においても明治維新等の節目のときには、戦略的な発想で国運が導かれてきたが、今も正にこれを必要とする時期に来ているのではないかと思う。近代をリードしてきた欧州においては、戦略的な発想が重視され、現在も欧州の基本的な政策を導いている。この節目の時期に当たって、欧州では 2050 年戦略が作られ、来たるべき次世代の社会を、地球環境のキャパシティの限界と急速な技術の発達に適合させようとしている。

　本書は、早稲田大学環境総合研究センターが 2011 年の東日本大震災の後に福島復興のためのアイデアを練るために組織した「東北 SC 研究会」のメンバーが、EU の 2050 年戦略に触発されて、以上のような時代の要請を念頭に、「2050 年戦略」を分担執筆したものである。本書は、EU の 2050 年戦略の概要紹介とこれに対比させた我が国の

2050年戦略の総論と産業界の各分野からなる各論から構成されている。各執筆者の個人的な知見の範囲で個人的な見解をまとめたものであるので、EUの2050年戦略のような完成度には遠く及ばないものではあることにはご理解賜りたいと思いつつも、産業界の幅広い分野にまたがるメンバーによる多面的な戦略の提案は、今の我が国にとって価値のあるものと思う。戦略的思考の苦手な我が国において、行政、産業界等の各分野の方々が2050年戦略を考える契機となれば幸いと考える。

2017年12月

早稲田大学大学院環境・エネルギー研究科　教授

小野田　弘士

目 次　CONTENTS

推薦のことば……………………………………………………………… i

はじめに…………………………………………………………………… iii

第1章　EUの「Global Europe2050」の概観と戦略 ···· 001

1. EUの「Global Europe2050」の概観と戦略 ·············· 002

（1）「Global Trends to 2030」:

Can the EU meet the challenges ahead?　003

（2）経済の中心はアジアにシフト　003

（3）テクノロジー・ブレークスルー　004

（4）生産の変化とエネルギー需要の増大に伴い希少になりつつある
各種資源の管理の必要性　005

（5）世界秩序の趨勢は、より脆弱となり予測困難　006

（6）三つの革命がより複雑で不安定な世界を形作る　007

2.「Global Europe 2050」に見るEUの戦略················ 008

（1）2050年の概観　008

（2）2050年の戦略　010

第2章　日本における2050年戦略の提案 ·················· 015

1. 我が国の状況と課題 ·· 016

（1）技術の進歩と市場のグローバル化　016

（2）人口減少と高齢化　021

（3）産業の海外移転　023

（4）我が国技術の劣化　024

（5）第4次産業革命と技術のシンギュラリティ　026

v

(6) エネルギー安全保障、地球温暖化　027

　2. 我が国の戦略 ……………………………………………… 030

第3章　各 論 …………………………………………………… 039

① エネルギー ……………………………………………………… 040

　1. はじめに ………………………………………………………… 040

　2. EUの取り組み ……………………………………………… 041

　　(1) EUの本格的・総合的な再エネ導入政策の出発点　041

　　(2) EUの温暖化政策における再エネの位置付け　044

　　(3) 再エネの拡大とグリッドの増強政策　046

　3. 米国の取り組み ……………………………………………… 051

　　(1) 米国の考え方　051

　　(2) 米国の電力システム改革　053

　　(3) Order No. 889とノーダル・プライシング　054

　4. 電力グリッドのインテリジェンスネットワーク化 ……… 056

　5. ガスグリッドとバイオ………………………………………… 057

　6. 我が国の再エネ政策の進むべき方向 …………………… 060

② 産業の高度化・効率化、技術開発（革新）：コンビナート統合、エネルギー産業等 ……………………………………………… 063

　1. はじめに ………………………………………………………… 063

　2. 日本のエネルギー産業の概要について …………………… 063

　　(1) 日本のエネルギー産業　063

　　(2) 改めてエネルギー産業とは　067

　3. 2050年戦略への提言 ………………………………………… 070

　　(1) 既存エネルギー分野　070

　　(2)「省エネ」について　073

　　(3) バイオマスの熱利用についての問題と対応について　074

　　(4) 新たな価値観について　076

CONTENTS

③ **AI（人工知能）の活用** ･････････････････････････････････ 080

　1. AIとシンギュラリティ ･･････････････････････････････ 080

　2. AIの進化 ･･ 081

　3. ロボットの進化 ･････････････････････････････････････ 084

　4. AIやロボット等がもたらすインパクト ･････････････････ 086

　5. 日本の課題と活用に向けて ･････････････････････････ 088

　　（1）日本のAI研究の現状と課題　088

　　（2）AIやロボットの活用　089

　6. 2050年に向けて ･･･････････････････････････････････ 090

④ **小型自動車（乗用車等）について** ･･･････････････････････ 093

　1. クルマを取り巻く環境 ･･････････････････････････････ 093

　2. 日本の自動車産業を取り巻く課題 ･････････････････････ 095

　3. EV、PHEV、FCV等の現状と将来への課題 ･･････････････ 098

　4. 自動運転車の現状と将来への課題 ･･････････････････････ 100

　5. 2050年に向けて ･･････････････････････････････････ 106

⑤ **物流、低炭素大型車** ･･････････････････････････････････ 109

　1. 商用車の特徴と期待される役割 ･･････････････････････ 109

　2. 人口・物流の将来動向と商用車の課題 ････････････････110

　　（1）動向　110

　　（2）物流の位置付け　111

　　（3）海外進出と国の方向性　114

　　（4）物流の効率化　116

　　（5）更なる改善に向けた技術研究　118

　3. エネルギーとCO_2の動向 ･･････････････････････････119

　4. 商用車用パワートレーンの動向 ･･････････････････････ 120

　　（1）ディーゼルエンジンの技術進歩　120

　　（2）更なる効率向上への取り組み　122

　5. 環境変化に対応した2050年の商用車 ････････････････ 123

　　（1）電動パワートレーンの分類　123

vii

(2) 環境性能の向上に向けた対応　124

(3) 電動化の歴史と現状　125

(4) 2050年を見据えた取り組み　130

⑥ 都市（街）　133

1. はじめに　133

2. 居住　134

3. 滞在　136

4. 居住・滞在機能整備の促進策　138

5. 環境面のメリット　139

6. 防災面のメリット　140

⑦ 社会インフラ（交通・水・道路・防災）　141

1. はじめに　141

2. 発展基盤PJ（プロジェクト）　144

(1) 20年前の「提言PJ」のアップデート　144

(2) 2050年の道路・鉄道プロジェクト　150

(3) 発展基盤　151

⑧ スマートタウン、電子マネー（仮想通貨）　162

1. スマートなエネルギー活用　162

(1) 文明＝エネルギー消費という一面　162

(2) 通信・メディアの進化　163

(3) 大規模集中発電から再び地産地消へ、そして地産衆消へ　164

(4) 電力事業においてもプラットフォームの提供が
事業の柱の一つに　168

(5) そして　170

(6) エネルギーをエレクトロニクスで活用した豊かな暮らし　171

2. 電子マネー　174

(1) ビットコインとブロックチェーン　174

(2) 貨幣とは何か　175

CONTENTS

(3) 紙幣とは何か　176

(4) ビットコイン　178

(5) 信用本位制は盤石か　180

(6) ブロックチェーン技術の応用先　182

⑨ 地方活性化 ・・・ 185

1. 地方の衰退と都市への集中 ・・・・・・・・・・・・・・・・・・・・・・・・・・・・・ 185

2. シュタットベルケ ・・・・・・・・・・・・・・・・・・・・・・・・・・・・・・・・・・・・・・ 188

3. コージェネレーション関連技術 ・・・・・・・・・・・・・・・・・・・・・・・ 190

4. 我が国における成功事例 ・・・・・・・・・・・・・・・・・・・・・・・・・・・・・・・・ 193

5. 地域におけるモビリティの確保 ・・・・・・・・・・・・・・・・・・・・・・・ 199

6. プロジェクト型の製造の時代の地方 ・・・・・・・・・・・・・・・・・・・ 200

7. 総合的な展開 ・・・ 201

第4章　2050年に「満足」は成熟させられるか
　　　　　―まとめに代えて― ・・・・・・・・・・・・・・・・・・・・・・・・・・・・・・・・・・ 203

1. 誰が再生エネルギーへの転換コストを払うのか ・・・・・・・・・・ 204

2. 「若者時間」が支える中国社会 ・・・・・・・・・・・・・・・・・・・・・・・・・ 206

3. オールタナティヴとしての自転車 ・・・・・・・・・・・・・・・・・・・・・ 208

4. 主役は20代の起業家たち ・・・・・・・・・・・・・・・・・・・・・・・・・・・・・・ 210

5. 目的達成のために割り切る ・・・・・・・・・・・・・・・・・・・・・・・・・・・ 211

6. 未来を考えることは「子ども」を考えること ・・・・・・・・・・・ 214

7. 「お砂場」の提唱 ・・・・・・・・・・・・・・・・・・・・・・・・・・・・・・・・・・・・・・・ 215

ix

◎執筆者一覧

内藤　克彦　　［第1章、第2章、第3章各論①、⑨］

大津　嘉治　　［第3章各論②］

水戸部 啓一　　［第3章各論③、④］

鈴木　　滋　　［第3章各論⑤］

増永　義彦　　［第3章各論⑥］

俣野　　実　　［第3章各論⑦］

横石 めぐみ　　［第3章各論⑦］

松田　直治　　［第3章各論⑧］

竹林　征雄　　［第3章各論⑨］

小林　成基　　［第4章］

第1章

EUの
「Global Europe2050」の
概観と戦略

1. EUの「Global Europe2050」の概観と戦略

　21世紀に入ると共にますます時の流れが加速しているように感じる。情報の伝達速度が速くなり、世界中の情報が瞬時に共有される世の中では、新たな情報に対応した次のアクションが世界中で後れを取るまじといわんばかりに競うように次から次へと打ち出されるのも一因かもしれない。情報のインプット、フィードバックが早く大きい世界は、結果の上昇、下降も発散も早く、時代の先読みをしながら先手を打っていくことが重要であろう。近世の世界史を主導してきた欧米諸国は、このような長期戦略の作成に習熟しており、活発な取り組みが行われている。EUでは、ESPAS (European Strategy and Policy Analysis System) というこのための専門機関をEU議会とEU委員会の共管の組織として設置し、戦略づくりが熱心に行われている。我が国は、この手の長期の話はあまり得意としておらず、特に、目先の利害関係が錯綜しているほど長期戦略を立てたがらない傾向がある。例えば、原発の扱いの方向性が見えなければ長期戦略は立てられない等ということが言われるが、実は逆で、長期戦略を立てることで、例えば、原発の扱いも定まっていくということであろう。

　ESPASでは、2015年に、「Global Trends to 2030」というレポートを出しているが、この中扉には、「戦略なき民は滅びる」と書かれている。我が国ももう少し長期戦略を考えていく必要があるのではないかと思われる。また、EU委員会は、2012年に「Global Europe 2050」という戦略をまとめているが、「Global Europe 2050」を策定するにあたって世界中の官民の141の戦略報告書を集め、分析している。例えば英国からは10冊以上の報告が取り上げられているが、我が国から取り上げられたのは経済産業省の「Cool Earth-innovative Energy Technology Program」一冊だけであるのは、我が国の現状を象徴している。先に挙げた「Global Trends to 2030」というのは、

世界の 2030 年までのトレンド、潮流の現状認識を定期的に更新している レポートとなっているので、まずは「Global Trends to 2030」により、EU の世界認識を見ていくことにしたい。

(1)「Global Trends to 2030」：
Can the EU meet the challenges ahead?

まず世界全体の概況について、以下のように記述している。

- 世界人口は増大し、全体としては高齢化し、また、世界全体としては（途上国を中心に）中流階級が増加する一方、格差も拡大しつつ、全体としては豊かになっていく。

- 世界中で、各国内の各種の格差が拡大していく。技術の進歩は、個人間、各国間の社会的、経済的格差の拡大を助長する。

- 先進国では、格差の拡大は中流階級の平等感を損ね、中流階級の相対的な没落感をもたらす。

　途上国の発展に従い、途上国では中流階級が増え、世界全体としては経済が成長するが、技術の発達は同時に社会・経済格差を各国内、国際間で広げる。特に先進国では、中流階級の没落感に繋がっていくという指摘である。これに併行して世界の高齢化が進むことになる。技術の発達が格差を生むというのは、別途詳述するが、大略は技術を使いこなせる人間が少数になっていき、その少数に富が集まり、一方で技術の発達により職域が狭められる大多数の人間が経済的に脱落するという主張で、米国等では一般的に見られる見解である。

(2) 経済の中心はアジアにシフト

　経済の中心が欧米からアジアに移るということが記述されている。このあたりはいかにも EU らしい分析である。図 1 - 1 に示されているように世界経済と政治の重心は、1800 年代初頭まではアジアにあったが、欧州の産業革命により西に遷移し 1900 年代前半まで欧州に位置していた。第二次世界大戦を挟んで重心はさらに西に移動して大西洋を横断し米国東海岸あたりに移った。ところが、近年のアジアの経済成長に伴い、今や、経済等の重心は急速に東漸しつつあるとい

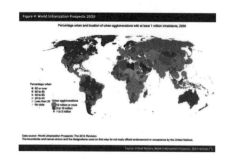

資料：Global Europe 2050.

図 1-1　世界の都市化と富の東漸

う認識である。さらにこの趨勢で進むと、既存先進国のハイエンド製造技術と高付加価値の独占状態が終わりつつあるという認識が示されている。EU では、このような認識に単に悲観するのではなく、当然のことながら、このトレンドに対抗する戦略を考えることになる。つまり、いかにして富の東漸を防ぎ、技術と付加価値を独占し続けるかということである。

(3) テクノロジー・ブレークスルー

ICT の世界のテクノロジー・ブレークスルーにより、経済・社会システムが急速に変わりつつあることをレポートは、予測している。我が国においても、IoT や第 4 次産業革命等として流布しはじめているが、一部の業界の話として社会一般には受け流されている傾向もある。しかし EU においては、社会・産業システムを根本的に変えるものとして真剣な議論がなされている。具体的な指摘をいくつか列挙すると以下の通りである。

- 「モノのインターネット（IoT）」：2020 年には、自動車からコーヒーメーカーまで、500 億以上の機器がインターネットに接続され、2013 年から 2022 年にかけて世界で 14 兆ドルの資金が投入される。ビッグ・データ、センサーデータが処理され、人と機械のイン

ターフェイス機能が開発される。このようなデータの収集、購入、制御が、将来の経済・社会の必須要素とみなされるようになる。
- 2030年には、世界の人口の75％はモバイル通信により世界と繋がり、内60％は高速情報通信へのアクセスを持つようになる。エネルギー、交通、情報は、多様なセンサーにより相互にリンクされるようになる。一方で、バイオテクノロジーの発達により、燃料、水素等を含む多くの工業製品は、非再生可能資材由来の合成物質から再生可能資材由来の工業生産に置き換えることが可能となる。

(4) 生産の変化とエネルギー需要の増大に伴い希少になりつつある各種資源の管理の必要性

EUでは、資源管理について以下のように予測している。

食糧・水供給の希少性が増大し、その管理が重要となってくる。特に、気候変動により、問題がさらに悪化することが予想される。エネルギーに関しては、2030年までに、非OECD加盟各国の消費は93％増加することになる（図1-2参照）。

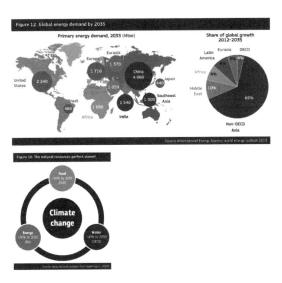

資料：Global Europe 2050.
図1-2　エネルギー需要と気候変動の資源への影響

(5) 世界秩序の趨勢は、より脆弱となり予測困難

EUは、安全保障について以下のように予測している。

各国間の相互依存、生活の国際化は、世界統治の強化と必ずしも同一方向を向いているわけではなく、世界の安定は脆弱となり、予測しがたくなる。世界は、相互依存しながらも、より分断、分極、不安定化した、「不安定の時代」に入る。米国の優位は依然として維持されながらも、中国等の新興国の挑戦により、国際関係は変化しつつある（図1-3参照）。

2050年までに中国の国防予算は米国に並ぶ水準となり、米国と中国のアジア太平洋地域における対立は、衝突にいたる。中国は大衆迎合的なナショナリズムに囚われており、中国と周辺のどこかの国との間で米中代理紛争が行われるというのが最もありそうなパターンである。中国が政治的・経済的に変化することができるかどうかが、

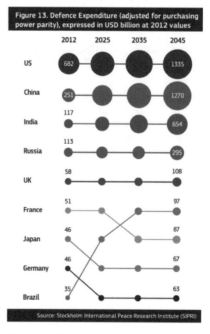

図1-3　ゲームチェンジャーとしての中国

2030 年の世界に避けがたい影響を与えることとなろう。国際社会は核の拡散を食い止めようと格闘しているが、核技術の拡散に伴い、小規模な核戦争に露中のみならず、中東、南アジア、北東アジア、さらにはテロリストグループを巻き込む可能性も否定できない。

人民元と米ドルの通貨戦争は、大きな経済影響を伴う世界的な問題となり得、大きな地政学的な緊張をもたらす可能性もある。

(6) 三つの革命がより複雑で不安定な世界を形作る

以上をまとめて、EU は、三つの革命がより複雑で不安定な世界を形作るということを指摘している。

①経済・技術革命

各種技術の集約は、経済と社会を変える。生産性、福祉・利益、個の増強という面で巨大な機会をもたらす。しかしながら、雇用の縮小、格差の拡大、欧州を含む先進国における中流階層の没落も伴うおそれがある。

②社会・大衆革命

より力を増し、相互に繋がった個人は、より創造的、活動的になるが、一方で、より要求が多く、批判的な者ともなる。新たな統治の方法が模索されるが、総意形成は難しくなり、政党や労働組合等の従来の枠組により従来の手法を用いることが難しくなる。統治の様々なレベルにおいて、説明責任と透明性がますます求められるようになる。

③地政学的革命

アジアの勃興は継続すると見られ、約二世紀に及んだ欧州と米国の世界優位は幕を閉じることになる。この結果、多極世界が招来される。グローバリゼーションは継続するが、担い手は徐々に価値観の異なるニューアクターに入れ替わる。そしてニューアクター間で対立が起こってくる。

以上のように ESPAS の現状認識には、なかなか厳しいものがある。我が国が太平の世を貪り、企業はますます保守的になる中で、世界は逆に大きく動きつつある。

2. 「Global Europe 2050」に見るEUの戦略

（1）2050年の概観

EU の「Global Europe 2050」では、米国を除く先進国の高齢化、人口減少傾向と中国・インドの経済的発展、途上国の生活水準の向上、気候変動による気象の極端化等を基本的な潮流として、このまま無策で推移すると、最悪の場合、以下のようなことが起こると予想している。

・**世界的なエネルギー不安定**

　EU のエネルギー対外依存度は、2030 年には再び 70％に上昇。中世の主要な交易路であった中東から中国へのシルクロードが蘇り、2030 年までに中東原油の半分以上を中国が購入。

・**最悪の地球温暖化シナリオ**

　発電・工業の石炭偏重による強い経済成長の結果、中国だけで温室効果ガスが 39％増加。世界のエネルギー起源 CO_2 排出は、2004 年から 2030 年に 55％増加（毎年 1.7％）。2035 年には、早くも 550ppm に達する。

> 　欧州の場合、緯度の割に住みやすい環境であったものが、地球温暖化によるメキシコ湾流のメカニズムの崩壊により、今後、極めて住みにくい環境になるおそれがあるとの危機感が強い。それを他山の石として、日本においても起こりつつある気候変動に対し、冷静・客観的視野での検討・対策が大切であろう。

・**欧州の人口縮小**

　2050 年には、人口の 10％が 80 歳以上、65 歳以上は 5,800 万人増加、15 〜 64 歳の人口は 4,800 万人減少（20％減少）。

・**世界の人口の 70％は都市に集中**

・**水資源の劣化**

温暖化による平均気温の上昇に伴い、乾燥地帯で土壌水分がさら
に蒸散。

・世界的食糧危機と生物多様性の劣化
・世界的な安全保障の不安定

　エネルギーや水資源、食糧を巡る国際環境の不安定化。

　このまま中国の成長が続き人民元レートが適正化されると、10
年以内に人民元の価値は倍になり、2020年には、中国のGDPは
米国に並ぶ。中国は国防予算の比率が高いことを考慮すると、
2020年には国防費で米国と同等となる可能性がある。

・ICT化の進展と経済構造の激変

　ICT技術が社会の隅々まで浸透し、経済はネットワーク型の経
済に転換する。

Wild card　China worst case

　最悪の場合、2030年代半ばから、一連の長期にわたる暴力的大衆抗
議活動、地域反乱、独立運動により中国は破壊される。これらに対して
中国共産党は、街頭デモへの軍の出動等の抑圧と暴力により対応。内戦
が中国全土に波及。

　1990年来の中国の奇跡の発展の主役であった都市の若く、教養のあ
る豊かな中国人にとっては、目標が中国共産党に替わる民主的な政権を
立てるという政治的なものとなる。地方の貧困層にとっては、エリート
の腐敗を糾弾し、地方共産党幹部に復讐し経済成長の余禄を得ることが
目的となる。

　中国共産党は国を閉じ、人民解放軍に出動態勢を取らせる。

　人民元は、ほとんど価値が無くなり、台湾は独立宣言する。

　以上は、最悪のケース「ワイルド・カード」として示されているが、
まるで、かつての辛亥革命前夜を思い出させるような記述である。

(2) 2050年の戦略

(1) のような認識に基づき、EU の考えた戦略として、いくつかの
シナリオが提示されているが、EU の狙いは、「EU Renaissance シ
ナリオ」として以下のように提示されている。

(ア) 再生可能エネルギーによるエネルギー域内自給率の向上と GDP の向上

「Energy Roadmap 2050」によると、再生可能エネルギー（再エネ）
を主要電源とすることにより、EU のエネルギー自給率を飛躍的に上
昇させ、中東・ロシア依存を大幅に低下させる。

世界の大規模な紛争は、エネルギー問題に起因するものが多い。そ
のことを身を持って体験している EU 諸国が選択した方法は、再エ
ネによるエネルギーの EU 域内自給の方向である。2011 年の福島に
おける東京電力原発事故以降、フランスにおいても 2025 年には原発
比率を 50％以下に低減の法制化を行う等、基本的に脱原発の方向で
（リスクが大きすぎて融資が付かない）、再エネを基幹電力とし、調整電
源として天然ガス火力を残す。

これにより、今まで中東等に流出していた資金が EU 域内で循環
するようになるため、GDP を押し上げる。

エネルギーシステムを従前の集中発電 → 配電型のシステムから、
分散電源のインテグレーション、需要地への再分配のシステムへ転換
し、これに伴うイノベーションにより産業界の活性化を図る。資源利
用と経済成長のデカップリングのために以下のようなイノベーション
は必須である。

①脱資源・脱炭素社会へ焦点
②環境を考慮したライフスタイル
③地域消費構造を改善する空間設計

なお、EU では、ガス管のネットワークを用いたバイオメタン等の
利用も進んでおり、情報・電力・ガスの三重のネットワークを駆使し、
来たるべきネットワーク社会へ対応しようとしている。

(イ) 人口の高齢化と ICT 技術

労働人口が縮小しても生活水準を現状以上とするには、「work harder」、「work longer」、「work smarter」のいずれかの選択が必要。当然のことながら EU としては、「work smarter」を取らざるを得ない。一方で ICT 化が進むので、次世代の産業社会を生き抜く意味からも「work smarter」は必須。EU は、海外生産は EU 域内の高スキル労働人口減少に対応する分だけ行えば十分という考え方で、低賃金を求めて「焼畑農業型」の工場進出は行わず、高スキル雇用の輸出はしない。その分、ICT による生産性の向上を図る。

また、高齢者のリタイアに伴うノウハウの流出を防ぐために、一定年齢からは勤務時間が漸減しつつも高齢まで雇用を維持する。3～4世代同居の職場による知識の伝承体制を整え、来たるべき「知識経済」社会に備える。労働者の高スキル化のための教育も実施。年金制度も、これに対応させる。

(ウ) ICT 化の進展に伴う、産業の「知識経済」化

ICT 技術の進展に伴い、製品の製造方法が劇的に変化する。一つの企業が大きなシェアで生産する方式は、新製品等ごとに適時に結成されるグループ、独立イノベーターの緩い共同作業による「プロジェクト」により、新しく柔軟な知的活動による方式に変更される。ICT 技術・情報システムの進歩により、顧客ニーズ、製造パターンが変化する。顧客を加えたイノベーション・製造のシステムに変化し、案件ごとにネットワークでプロジェクトチームを組むようなプロジェクトチーム型、オープンプロセス型のイノベーションが主流となる。「知識経済」のイメージとして以下のようなことが列挙されている。

(1) クロスボーダーで知識ネットワークを活かしたプロジェクト型の創造活動による、より分散型の知識の創造

(2) 迅速で時宜にかなった柔軟なアイデアの採用

(3) よりハイブリッドでインテグレートされた創造活動

(4) 他の専門分野もインテグレートしたスマートな創造活動

(5) より文章化した情報

(6) AI 技術等の最新の技術の適用を考え、管理された情報形態

(7) Peer to Peer、共同作業、非公式な場等の専門家同士の緊密な情報交換

(8) よりプロジェクト指向型の創造活動

　これらにより産業構造が急速に変わりつつある。このような「プロジェクト・エコノミー」は、特に、市場構造が分散型インフラに基礎をおいている、エネルギー、住宅、健康、教育等の世界で先行する。

　これらにより、以下のような変化がもたらされる。

①企業間の技術連携…かつての敵同士の技術連携

②地球規模の課題への官民連携

③国際共同研究プロジェクトの役割の増大

④オープン・フォーム型の創造活動と普及

⑤教育、行政、統計情報、健康等のいくつかの分野では、革命的な変化となる可能性

⑥ 2030 年までに、知識の「定義、蓄積、アクセス、獲得、認証」の方法は大きく変化し、今日の学校、大学は、いずれ消滅するであろう

米国の電力システム改革（米国ニューヨーク州 REV）

①現在の経済は、ますます電力への依存を深めている。特に、デジタル化の進展により、信頼性強化のニーズが増加している。

②経済のグローバル競争の激化は、経済の電力依存の増加と相まって、電力システムの非効率を許さなくなってきた。

③電力需要全体は増加していないが、ピーク需要は増加している。

④気候の極端化と経済のデジタル化の進展による信頼性増強要請は、需要側を自家発電へと駆り立てている。

⑤低炭素化の要請による風力、太陽光といった変動電源の取り込み。

⑥電気自動車・PHV（Plug-in Hybrid Vehicle）の普及。

> 情報だけではなく、エネルギーとリンクしたイノベーションにより社会システムを進化！
>
> このためには電力システムを「インテリジェント　ネットワーク　プラットフォーム」化！

（I）都市と交通

中規模都市を情報、交通でネットワーク化し、大都市集中の世界的な流れに対抗する。「知識経済」の発展のために人のコミュニケーションを尊重する街づくりを行う。未来の都市は、高質のオープンスペースに焦点をあて、通りの50％を歩行者空間とし、社会的交流を促進する。車のためにではなく、歩行と自転車のために設計された都市へと変化し、これらの流れに合わせた、自動車を含む交通のインテリジェント化、システム化を進める。

以上に見られるように、EU では、**EU Renaissance シナリオ**と称して人口、エネルギー、資源、ICT 化といった要素を巧みにこなしながら全体として、新たな社会像を描いている。安全保障に関しては、米国と異なり中国から離れていることもあり、エネルギーの自立、省資源経済の構築により、間接的に社会リスクを低減させようということであろう。

EU がこのような方向で進むと、例えば、中東等は経済的に追い詰められ、同時に、世界の経済の根底を握ってきた英米のエネルギーメジャー等の立ち位置も変わらざるを得ないことになろう。さらにオイル取引により基軸通貨の位置を支えてきた米ドルの支え方にも変化が生ずることとなろう。

013

化石燃料から手を引くロックフェラー一族

[ヒューストン／ニューヨーク 2016, 4月23日 ロイター]

　ロックフェラー家関連のロックフェラー・ファミリー・ファンドは23日、化石燃料関連投資を可能な限り早期に中止し、米石油大手、エクソンモービル (XOM.N) の株式保有も解消する方針を表明した。石炭やカナダのオイルサンド関連の保有資産も処分する。ロックフェラー家はかつて、石油関連事業で財を成した。だが、気候変動が人類や生態系を脅かす現状を踏まえ、ファンドは「炭化水素の新たな供給源を各社が探査し続ける行動に良識ある論拠がない」と指摘した。

第 **2** 章

日本における
2050年戦略の提案

1. 我が国の状況と課題

(1) 技術の進歩と市場のグローバル化

　IT技術の急速な進化は、世界にインターネット社会を広げ、また、交通の発達は世界を狭くした。2020年には、500億以上の商品がインターネットに組み込まれ、2030年には途上国も含め世界人口の75％がインターネットに接続され、内60％が高速通信に接続可能となると予測されている（「Global Trends to 2030」, ESPAS, 2015）。

　このように世界の市場が一体化する中でグローバルな競争は激しくなり、グローバル市場で勝った少数のものがグローバルな市場の大半を得ることになり、世界の富は少数に集まることになる。国内市場が小さく、最初からグローバル市場を目指した韓国、台湾の企業がむしろ優位となるという結果をもたらした。

　グローバルな市場の競争激化は、商品だけではなく労働力市場にも当てはまる。労働力市場の国際化により先進国の労働者は途上国の安価な労働力との競合を余儀なくされ、先進国の労働者の賃金は伸び悩み、途上国の労働者は中流化していき、企業収益は安い労働力により増加する。知的労働についてもグローバルな人の移動により、先進国の大学等の一定割合は途上国の優秀な留学生が占め、卒業後も高給を求めて先進国の中流層の職域に就業する。その分、先進国の知的労働力は、はじき出されることになる。先端技術に係る学科の東京大学の大学院では定員の半数が留学生で占められ、英語で授業が行われるという話も聞く。

　一方で、2014年にアメリカの経済学者アラン・グリーンスパンが、『Foreign Affairs』誌の寄稿にて、「人間のIQが変化した証拠がないのに、技術は急速に進化している。これは裏を返せば、そうした技術革新をうまく利用できる人の数がますます少なくなってきていることを意味する。昔は米国の平均的な労働者は工場で働く十分なスキルを

持っていたが、いまや最先端技術のシステムを動かせる人は少数となってきている。これがジニ係数を上昇させている。技術の進化に教育がついていっていない。」と主張したように、技術の進歩についていける少数が技術の進歩の果実を享受し、ついていけない大半は経済的果実の恩恵を受けることができない。

マサチューセッツ工科大学教授であるエリック・ブラインジョルフソンの『Foreign Affairs』誌の寄稿に、「IT技術の進歩により、新製品、サービス、ビジネスモデルを創造し、技術革新を実現する一握りの人が勝者となり、この非常に少数の勝者が富の多くを手にし、ロングテール、つまり、その他大勢の人々は低所得に甘んじることになる、『スーパースターエコノミクス』の時代となる。」とあるが、技術の進歩が格差を生むという主張である。このように技術の進歩にも起因して、格差は増加する方向にある。

このままでは、中流層が没落傾向にあるのは、先進国に共通する傾向となり、それは我が国でも同様のこととなる（図2-1参照）。

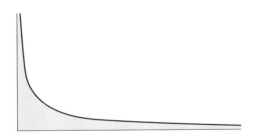

今後、大きな追い風を背にするのは、技術革新を実現し、新しい製品、サービス、ビジネスモデルを創造する人々だ。このクリエイティブな社会階級の所得が増大することで、全体の所得分配は統計学モデルでいう「べき乗則」に準じたものになる。非常に少数の勝者（グラフの左端）が富の多くを手にし、ロングテール、つまり、その他大勢の人は低所得に甘んじることになる。ユーザーが増えれば増えるほどユーザーの利便性と製品の価値が高まる「ネットワーク外部性」も、勝者がすべてを手に入れる経済、あるいは、勝者が市場をほとんど独占する市場を作り出す。グラフの左から右に向かう部分がロングテールに相当する。

資料：Foreign Affairs 2014,『デジタル経済が経済・社会構造を変える—オートメーション化が導く「べき乗則の世界」』エリック・ブラインジョルフソン・マサチューセッツ工科大学教授他。

図2-1　所得の「べき乗則」の分布

さらに、我が国においては、他の先進国に比較しても中流以下の賃金の伸びは小さい。我が国の名目賃金は、企業利益が上昇している中で、他の先進国と異なり低迷または漸減している（図2-2～4参照）。

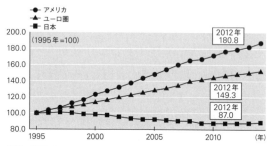

図2-2　名目賃金の推移

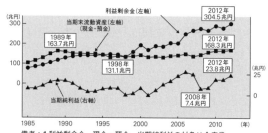

図2-3　企業の経営状況の推移

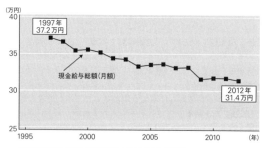

図2-4　現金給与総額の推移

GDPの6割は民間最終消費が支えていることを考えると、我が国のGDP成長率も低迷することになる。生産面のテコ入れだけではGDPは上がらない。製造されたものが旺盛に国内消費されなければGDPの上昇には繋がらない（図2-5～6参照）。

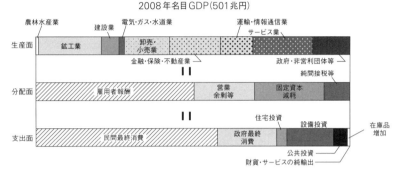

図2-5　GDPの三面等価

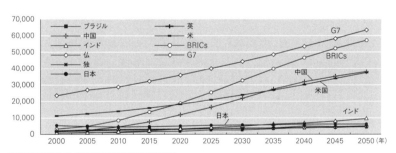

図2-6　各国等のGDPの将来推計

　厳しいグローバル競争にさらされる企業は、勝ち残るために低賃金を海外に求め、結果的に我が国の中下層の賃金水準の上昇も長らく抑えられてきたわけである。企業が生き残らなければ元も子もないということではあるが、欧米並みのバランス感覚は必要であろう。欧米と我が国の相違はどこにあるのであろうか？我が国経済は、世界のトップ集団にいるので、労働生産性も高いものと思い込んでいる人が多いが、実は、高

度成長期の最後の頃に多少上昇したものの、そのときでも欧米の主要国より労働生産性は低く、最近はそれがさらに低下していることがわかる（図2-7参照）。

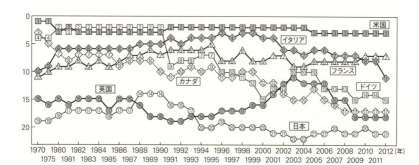

資料：文部科学省「平成20年版科学技術白書」。

図2-7　主要先進7カ国の労働生産性の順位の変遷

　ある企業人が韓国のコンサルティング企業を使ったところ、最新のIT技術を駆使して速やかに高度な仕事をするのを見て目を見張ったと話していたが、我が国においては、生産性を上げる努力が軽視されてきたのではないかと思われる。

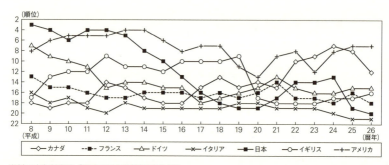

資料：文部科学省「平成20年版科学技術白書」。

図2-8　主要国の一人当たり名目GDPのOECD加盟国中の順位

　我が国の一人当たりGDPを見ても、近年、減少傾向にある。20

年前にはG7中トップであったものが、近年では順位が大きく下落し最下位あたりとなっている（図2-8参照）。一人当たり指標において日本の優位性はないことを自覚すべきであるが、多くの経営者は考慮しない。日本の生産方式を世界有数のものとしたトヨタ生産方式の創始者の大野耐一氏は一人当たりの指標を重視したが、今日の経営者は考慮しない傾向がある。近年、イギリスの学者が、日本の一人当たりGDPは先進国最下位（世界27位）、一人当たり輸出は世界44位、一人当たり製造生産指数はG7平均以下という現実を発表しているが、謙虚にその指摘に直面すべきである。このような面からも一人当たりの生産性の向上は重要であろう。

米国においても中流階級の没落が言われはじめているが、これに対処するために登場したのがドナルド・トランプ大統領であろう。安い労働力を求めて米国企業が海外に製造拠点を移すことは、結局、雇用力の輸出をしていることになり、企業はグローバル労働力調達でより高い利潤を上げられても、国内雇用は減少すると考え、雇用の国内囲い込みを行おうとしているわけである。結果的に経済のグローバル化の流れに対抗して地域ブロック化する方向に進みつつある。

英国のブレグジット（Brexit；EU離脱問題）にも同様の傾向が見られる。英国在住50年というある日本人に聞いたところ、高いポンドでの収入と英国の高福祉を求めて東欧や中東から大量の安い労働力が英国に流入し、英国の中下層の職を奪いはじめたことがブレグジットの真因とのことである。米トランプ大統領と英メイ首相は同じ考えに立っているので、英米および旧英連邦でのブロック化の方向に動くことになろう。我が国は、安全保障の観点もあり、英米連合の中に組み入れられつつある。

(2) 人口減少と高齢化

人口減少、高齢化の状況は、我が国の状況もEUと同様である。我が国の人口は、2050年には全体の25％が75歳以上、65歳以上は844万人増加、15～64歳の人口は3,100万人減少（38％減少）と

なり、欧州より深刻な状況である。一人当たりの労働生産性、GDPが減少している上に、人口減少、高齢化で労働力の絶対数が減少することは我が国経済にとって大きな問題である。放置すれば我が国経済は大幅な縮小を免れ得ないことになる。このような状況下では、税収はさらに伸び悩み、公共インフラの更新期を迎えても、更新は思うように進まず、社会全体が劣化する傾向となる。しかしながら、安易に海外労働力に頼ることは、国内中下層のさらなる没落と治安の悪化を招くことになり、避けるべきであろう。これは英国のブレグジットに見られる通りである。EUの2050年戦略に示されるように、労働力減少分はICT技術を駆使し、労働生産性を上昇させることにより、補うべきであろう。幸いにして我が国は欧米に比較すると労働生産性の上昇余地がまだあるのではないかと思われる（図2-9参照）。

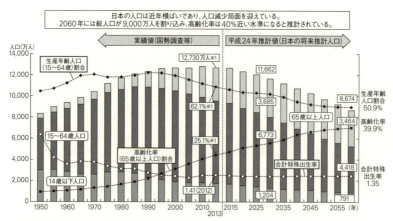

図2-9　日本の人口推移と今後の予測

その一方、高度成長期を支えたノウハウを持つ者が、高齢になるに伴い企業を退職し、ノウハウが失われている。我が国企業の経営者は、技術立国で成し遂げた高度成長の記憶だけ残っていて、肝心の技術を

持つ者は既に退職して、実は技術の伝承がされていないのではないかという話がある。我が国の経営者が最新の技術であると思っていた技術が、欧米で学んだ途上国の技術者から陳腐な技術であると指摘されたという話も聞いたことがある。10年前まで国際競争力を持っていた企業が、技術を支えてきた技術者の退職に伴い、国際競争力を失ったのではないかと思われる事例も近年目にすることがある。同世代人口の多い団塊の世代の中での激しい出世競争からは、専門技術を磨いてきた者は弾き出されているのではないかということが、危惧される。戦後の新しい企業ほどこの傾向が強く、戦前から生き残っている企業には技術伝承システムを構築している企業もある。高齢化社会においては、高齢者のノウハウを活かす場が必要となろう。また、これに対応した就業形態、年金のあり方もEUのように考えていく必要があろう。

(3) 産業の海外移転

　我が国では企業の生き残りのために海外の低賃金を求めて産業の海外移転が進められてきた。例えば、中国で生産した安価な商品を日本に逆輸入し利ザヤを稼ぐことは、我が国の物価の安定には寄与するが、一方で雇用力の輸出と技術の流出に繋がる。ある大企業幹部から聞いた話では、コア技術だけ我が国に残して単純生産をアジア某国で行おうとしたが、コア部品の通関時に技術資料の提出を条件づけられ、結果的に某国企業に技術を盗用されることになったそうである。某国に引き抜かれた優秀な技術者は、数年して技術を移転すると某国企業を解雇になったという噂も聞いたことがある。高度成長期までの企業経営者は技術の差が死命を制することをよく承知していたので、安易に技術協力をするようなこともなかった。団塊世代の経営者は技術協力をよく行うが、高度成長期の経営者はこのように安易に技術を流出させるようなことはしなかったのではないだろうか。結局、20世紀の後半を通じて先人の努力の結果、ようやく開発蓄積した技術を切り売りしているだけのように思える。

海外で稼いだ外貨は、国内で円に交換するとき、国内円貯蓄と交換され銀行の外貨貯蓄に変更される。国内の円が海外立地企業に再配分されるだけで、円の流通量が増えるわけではない。銀行に移った外貨は、海外物資・サービスの買い付けか、海外投資に使われるが、国内生活を豊かにするための海外物資・サービスが十分な量調達されれば、あとは海外投資に使うしか活用のしようがないことになる。この結果、我が国の海外投資額ばかりどんどん増えることになる。国内経済に必要以上の外貨を稼いでも海外でマネーが循環するだけということであろう（図2-10参照）。

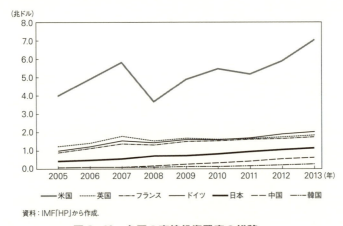

資料：IMF「HP」から作成。
図2-10　各国の直接投資残高の推移

　我が国は長らく貿易立国と言われてきたが、果たしてそうであろうか。我が国のGDPに占める輸出入の比率は、欧米並みの15％程度で推移しており、韓国のように高いわけではない。
　EUの戦略にあるように海外生産等は、国内の経済のバランス上必要な量に留め、安易に低賃金を海外に求めず、労働生産性の向上で競争力を確保するようなことを考える必要があるのではなかろうか。

(4) 我が国技術の劣化
　我が国は長らく技術立国と言われてきたが、果たして現状はどうで

あろうか。我が国の高度経済成長期を支えていたのは、第二次世界大戦から復員した多くの技術者・経営者が、米国との技術力の差を痛感し、欧米に負けない技術体系を作るべく時代を先取りするように必死に努力した結果であるが、これらの戦中派世代が技術陣・経営陣から去ると、我が国の産業界からは「世界を先取りするような新製品」は出なくなる。そして、技術を真に支えていた者を外に出してしまう。にもかかわらず、多くの企業では技術的センスを失った後輩経営者たちは、「技術力世界一」と唱え続けているだけというのが実態であろう。特にインターネット他の情報技術進化により、優位性技術も囲い込みが難しい時代であり、技術の陳腐化の速度も速い時代であることの認識は重要である。

　自動車、ICT 関係の一部の技術は、未だに世界的に優位に立っている部分もある。しかしながら、これらの部分の優位も次第に失われつつある。例えば、電気自動車については、我が国は世界に先駆けて商業化したわけであるが、現時点では我が国の勢いが減速する一方で、米国テスラモータースや欧州の各自動車メーカーでは、真剣に開発が進んでいる。ハイブリッド・カーを重視する大手メーカーの意向もあるが、長期的トレンドである電気自動車のインフラ・電力システムでの位置付け等、日本にはそれを有効活用する先行技術もあり、国策としての取り組みが必要である。

　どの分野においても「新技術」は、「在来技術」に比較すれば開発の歴史に数十年以上の差があるのは当たり前であるが、欧米においては次世代のために「新技術」を使いこなそうと真剣に取り組む中で、我が国においては「新技術」は「在来技術」に比べて信頼性・経済性に劣る等としていわゆる「常識論」により排除される傾向が強い。"我が国の技術は世界トップ"と経営者が思い込んでいるうちに実は、行動では新技術を排除しつつ、頭の中は昔のままで世界に遅れをとっていることが多いのではないかと思われる。また、技術開発の環境にも変化が見られる。海外工場での生産の増加に伴い、企業のマネーフローは

国内に帰還するものが少なくなり、外貨として海外で循環するマネーフローが大きくなる。この結果、研究開発を支える資金が国内に還流しなくなり、国内の開発拠点を維持できなくなるという問題がある。企業として生き残っても、雇用も技術も資金も国内には残らないということになりかねない。

(5) 第4次産業革命と技術のシンギュラリティ

　世界の潮流としては、最新のICT技術を駆使した、ネットワーク、分散、知識集約、AI（人工知能）と言ったキーワードによる、社会・産業・交通システムの時代に入ろうとしている。「第4次産業革命」として、IoT技術が社会の隅々まで浸透することにより、産業システム、社会システム、交通システム等が劇的に変化するというものである。EUの戦略によれば、「ICT技術の進展に伴い、製品の製造方法が劇的に変化すると予測されている。一つの企業が大きなシェアで生産する方式は、新製品等ごとに適時に結成されるグループ、独立イノベーターの緩い共同作業による「プロジェクト」による新しく柔軟な知的活動による方式に変化し、ICT技術・情報システムの進歩により、顧客ニーズ、製造パターンが変化する。顧客を加えたイノベーション・製造のシステムに変化し、案件ごとにネットワークでプロジェクトチームを組むようなプロジェクトチーム型、オープンプロセス型のイノベーションが主流となる。これらにより産業構造が急速に変わりつつある」とされている。このような経済をEUは、「プロジェクト・エコノミー」と称し、特に、市場構造が分散型インフラに基礎をおいている、エネルギー、住宅、健康、教育等の世界でこの「プロジェクト・エコノミー」は先行し、これらにより、以下のような変化がもたらされると予想されている。

　①企業間の技術連携…かつての敵同士の技術連携

　②地球規模の課題への官民連携

　③国際共同研究プロジェクトの役割の増大

　④オープン・フォーム型の創造活動と普及

⑤教育、行政、統計情報、健康等のいくつかの分野では、革命的な
　変化となる可能性

⑥2030 年までに、知識の「定義、蓄積、アクセス、獲得、認証」の方
　法は大きく変化し、今日の学校、大学は、いずれ消滅するであろう

　EU では、このような経済のベースとしての情報、エネルギーのネットワークの構築が進められている。

　また、IoT の技術をさらに高度に活かすものとして、AI の技術があり、AI を有効に働かせるために、膨大な必要情報を AI に提供するビッグデータの集積が重要となりつつある。この分野は、我が国が得意とする分野でもあり、世界の先陣を切る必要があろう。

　しかし、AI の分野では、シンギュラリティ（技術的特異点）問題として、人工知能が人間の知能を超える 2040 年頃の問題が議論されつつある。

　AI の発達により、2040 年頃に人工知能が人間の知能を超えることが予測されており、この時点をシンギュラリティ「（人類史の）特異点」とし、ここを越えた先にどのような社会になるかは予測がつかないとするものである。AI の介入により、いわば「人知を超えた思わぬ方向」に文明が変化する可能性を内包することになるわけである。地球環境の維持のための最適解を AI に求めたら、「人類の絶滅」が最適解として提示された等ということになりかねない状況を迎えるわけである。

(6) エネルギー安全保障、地球温暖化

　このまま中国の成長が続き人民元レートが適正化されると、10 年以内に人民元の価値は倍になり、2020 年には、中国の GDP は米国に並ぶ。中国は国防予算の比率が高いことを考慮すると、2020 年には国防費でも米国と同等となる、と米国では予測されている。

米国防総省 2015 年年次報告

Exchange rate adjustments, with a possible doubling of the value
of Chinese currency in ten years' time if growth continues and the

exchange rate is allowed to float, would lift the China's 2020 real GDP close to $ 15 trillion, near to the expected US level at that time. Assuming that a higher share of it will go to military, China could indeed match US defense spending by 2020. 鄧小平の外交・安保政策機関への 24 文字戦略指示 (1991 年 11.5「鏡報」172 号)
国際環境の力関係を観ながら着々と実力を養え。2020 年頃まで経済成長・軍備増強を続ければ中国は米国に対抗できる強大国となる。

　安全保障面では、中国の台頭、米国の相対的弱体化に伴い、中東等への海上輸送路は脆弱になりつつある。この地政学的リスク対策は急務である。地球を縦に輪切りした場合、日本のある緯度上、シベリアから日本を経て豪州に至る地域には、ほとんどの資源が存在する。この地域で海洋国家連合を組むことの意義は極めて大きい。既に国力・技術力に自信を持ちはじめた中国は、時には従来の国際ルールを冒す形をとりつつ、各地に橋頭堡を作り、影響力を強化しはじめている。EUでは、将来のリスクに対する保険としてエネルギーの自給率をさらに高める方策がとられている。我が国は、どうであろうか。

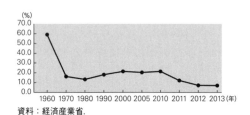

図 2-11　エネルギー自給率

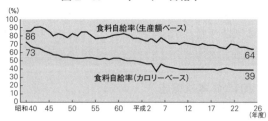

図 2-12　食料自給率

我が国は、近年、急速にエネルギー、食料の自給率を下げている（**図2‑11〜12**参照）。第二次世界大戦の原因の一つが我が国に対するエネルギー封鎖にあったことを記憶し、戦後の食糧難を記憶していた戦前世代が現役であった高度成長期までは、エネルギー、食料の自給率向上についても一定の配慮があり、海外からの調達に関しても多様化に努めていたものと思われるが、近年は「平和ボケ」して、このような基本的なことに対して考慮が不足しているように思われる。我が国は、資源に乏しく、基本的には貿易により海外資材を調達せざるを得ないのは確かであるが、平和が長く続くうちにセキュリティよりも貿易による利益を尊重するようになったのではないかと疑われる。

　このような世界のセキュリティは、地球温暖化が進むにつれ、より不安定になる可能性がある。地球温暖化により、世界の作物分布、水資源分布やエネルギーの消費構造が大きく変化する可能性があり、これらの変化がセキュリティの不安定をさらに助長する可能性がある。

　近年、パリ協定（気候変動）の発効に伴い、地球温暖化対策にも真剣に取り組む必要があるが、我が国においても、欧米に見られるような思い切った政策を打ち出す必要があろう。

　また、世界のエネルギーを巡る状況も、大きく変化する兆しがある。ロイターの報道によれば、「ロックフェラー家関連のロックフェラー・ファミリー・ファンドは23日、化石燃料関連投資を可能な限り早期に中止し、米石油大手、エクソンモービル（XOM.N）の株式保有も解消する方針を表明した…（14頁コラム参照）。」とのことで、石油によって財を成した一族が石油から手を引くことになる。ブルームバーグの報道によると、「米国では補助金が支給されなくても再生可能エネルギーが天然ガスを抜き、2031年に主要な発電源になるとの見通しが、ブルームバーグ・ニュー・エナジー・ファイナンス（BNEF）の分析で示された。」とのことで、EUのみならず世界は、再生可能エネルギーに向け大きく動き出している。

　既に世界の発電投資額の半数は再生可能エネルギーへの投資となっ

ており、今から発電所を作るときに最初に考えるのは、世界では風力発電等というのが常識化しつつある。世界が化石燃料から離れはじめると、化石燃料取引に安定の基盤を置いていた国際通貨は不安定となるかもしれない。これに代わる新たな国際通貨の信用維持の仕組みも世界で模索されるかもしれない。シェールガス等により、LNGの輸入価格も大幅に下落しており、海外電力調査会の試算によれば、2016年にはLNG火力の発電原価は、石炭火力よりも安くなっている。このように世界の情勢は激変しつつあり、我が国も世界の潮流を踏まえた戦略が必要となろう。

2. 我が国の戦略

前項までにEUの戦略や我が国の置かれている状況について概括的に示したが、以上のような状況から言えることは、世界の潮流に沿いつつ、我が国の力を高めていくことが、低いコストで我が国の位置を高めることになるのではないかということである。

①エネルギー

欧米がエネルギー自活の方向に向かい、中東等の外部依存度を低くする社会に切り替えつつあることを考慮すると、我が国の産業界が世界に伍していくためには、エネルギー安全保障の観点、特に地政学的リスクの観点、エネルギーの低炭素化の観点、国内産業振興の観点からも同様の方向に向かう必要がある。欧米においては、来たるべき、分散、ネットワーク、知識社会の基盤としての、公共インフラとしてのエネルギーネットワークの整備が進んでいる。我が国においても、分散型電源を主流とするタフで非対外依存的で低炭素の体系（インターネットは集中型情報システムの脆弱性を克服するために米軍が考え出したものであり、エネルギーに関しても同様なことが言える。）に切り替える必要があろう。基幹系と分散系のベスト・ミックス技術に関しては、日本が先駆すべき課題である。

030 | 第2章 日本における2050年戦略の提案

ネットワークにインテグレート（統合）される構成要素としては、コージェネレーション（熱併給発電）、再生可能エネルギー、電気自動車、家庭用蓄電池、各種の熱利用施設等の分散型エネルギー資源である。我が国においては、電気自動車、家庭用蓄電池を系統接続することが許されていないが、この点からの制度改正も必要となろう。

　ネットワークの進化のために必要なこととして、以下のことが必要であろう。

- 欧米においては電力・ガス共に TSO（送電・ガス管理者）、DSO（配電・ガス管理者）の分業が進んでいる。「集配機能」を担うのが DSO であり、DSO 間の「広域流通・最終的な需給調整機能」を公平に担うのが TSO である。欧米では、「市民電力」の類の活動が熱心行われているが、これは DSO の部分を地域組織が担うもので、地域で需給調整できない部分は TSO のネットワークに上げて全国広域調整する仕組みとなっている。このような DSO では地域の状況に応じて様々な新ビジネスの試みがなされているが、我が国は、TSO、DSO の役割分離がなされていないので、このような活動がし難い状況となっている。2050 年には、このような世界標準システムが我が国においても確立されている必要があろう。

- エネルギーネットワークを利用した、様々な新ビジネスやイノベーションを活性化するには、ネットワーク利用者間の公平性を担保することが重要である。この基礎となるのが、公平・透明なネットワーク情報を提供する情報システムの構築である。欧米に見られるようにグリッド・キャパシティ情報等のグリッド情報をリアルタイム・実潮流ベースで算出し、第三者に利用しやすく提供することも必要となろう。

- 欧米においては、電力とガスと情報の三重のネットワークを基盤としたネットワークを構成している。我が国にはガスの TSO 機能が存在しないため、ガスの全国ネットワークが存在しておらず、早急な整備が必要である。ガスの全国ネットワークを構築することで、

バイオメタン、水素、さらには、メタン・ハイドレード由来の天然ガスの流通も可能となる。また、ガスネットワークの脆弱性も補強されることになる。

- 分散型エネルギーのコントロールのためには、ネットワークの補強に加えて、運用方法の高度化・公平化、AIを用いた需要や天候予測の高度化等が必要となろう。

②交通ネットワークの進化

エネルギーネットワークの改変に同期して、自動車交通システムの改革が必要となる。欧米においては、電力システムの改革に同期して、自動車の電化が進められつつある。国際商品としての市場性を求められる自動車の世界では、世界の潮流に同期して、我が国においても自動車改革を進める必要があろう。具体的には、乗用車の電化、ドライバー不足問題が深刻化している貨物車では自動化を含めた物流形態の大幅な変革、さらに公共交通手段であるバス等の水素燃料も視野に入れた電動化等が必要であろう。

また、将来のICT社会の構築に歩調を合わせた、交通のインテリジェント化が必要となろう。高齢化社会を考慮し、高齢者が地域で健康な生活を営む環境作りとして配慮すべきデマンドバスやタクシー、その利便性確保を目指した自動車の自動運転化、AIを用いた高度な交通需要予測に基づくシェアリング交通システムの構築、AIを用いた効率的な物流システムの構築等が考えられる。

③インフラ整備と交通ネットワークの連携

人口が減少する一方で橋梁や道路等の既存のインフラは寿命を迎えるものが次々と現れてくることになる。すべてのインフラの作り替えが難しくなるとすると、作り替えるインフラの選別と作り替えないインフラの利用の仕方が問題となる。インフラを作り替えずに利用時のスペックダウン（例えば、橋梁の重量制限の低下等）を行い、この情報を交通情報ネットや自動車の自動運転に組み込み、自動的に利用制限を行うこと等が考えられる。このようなインフラと交通ICTシステム

の連携によるインフラ管理が考えられ、また、人口減少によりキャパシティの余裕の生じたインフラを多用途に開放し、複合利用するようなシステムの導入も考えられる。

　インフラは本来、地方に分散して設置されるもので、これらの整備は地方の中のマネーフローの一翼を担っていた。これらを中央の大企業に委ねることは、地方のマネーフローの流出に繋がる。これらのインフラを地方の創意で利用、再構築していくことは、地方の再生にも繋がろう。

④高度ネットワーク高生産性社会の構築

　労働人口の減少、高齢化に対応し、かつ、これらにもかかわらず生活水準を向上させるためには、一人当たりの生産性を高め、収入を増加させることが肝要である。企業の生産性・採算だけ改善しても、購買力を高め総需要を喚起しなくては、作ったものは売れない。このためにAI技術を駆使することが望まれる。AIにより、人の職を奪うのではなく、労働力の減少分をAIによる生産性向上によりカバーするようなAIの使い方が望まれる。なお、海外生産に関してもEUのようにAIにより生産性・競争力を向上させつつ国内生産を維持し、労働力減少分のみを海外生産で補うという方向が、「雇用力の海外流出」を防止し、国益に沿った戦略的な選択と言えよう。

　商品の生産流通についても、AIを用いた正確な需要予測に基づく日用品の生産により、製造段階の無駄の抑制に加えて、現在、流通段階で廃棄されている膨大な商品の発生を防止し、コストの低減に寄与することが可能となろう。

　ICT技術の活用により、商品生産に顧客も組み込むというアイデアは、EUの戦略に既に見られているところであるが、商品によってはオンデマンド生産・供給を安価に行えるシステムを構築することができるかもしれない。これらは、消費者を最初から取り込むことにより需要の創造に繋がると共に、省資源にも大きく寄与することとなろう。

⑤通貨

石油の退場に伴い、通貨は ICT ネットワークに支えられるような性格のものになるかもしれない。これに対応するような信用維持システムを開発しておくことも重要であろう。

⑥ AI とシンギュラリティ

AI は、ディープラーニング機能による自己学習の結果、情報と目的さえ的確に与えれば、人間の能力を超える目的実現手段を自ら考案するようになった。

人間の頭脳は、60 万年前に 150 人規模の社会に適合したところで、脳容量の発達が止まり、7 万年前から言語を話しはじめたと言われている。言語では脳容量は増加しなかったわけである。150 人というのは、普通の人の Facebook のお友達の人数や年賀状の数と同程度でなかなか興味深いが、これが非言語コミュニケーションでも意識の通じる範囲ということで、これ以上になると言語コミュニケーションによってのみ情報交換できる世界となるとのこと。AI は、言語コミュニケーションの領域の膨大なデータに基づき学習しているところが、人間との差ということになる。人間は歩き方だけでも「主張が滲み出る」が、ロボットは移動目的を淡々とこなしているだけ。人間は、ビックデータを与えなくともそこそこの判断ができるが、AI にはできない。AI はビックデータを与えると思いもよらぬ正解を導き出すが、人はビッグデータを消化しきれない。人は「意識」により目的関数を自己設定するが、AI は目的関数は人が与える。この辺の人と AI のポテンシャルの違いを踏まえて、適切な目的関数を AI に与えるような方法論の検討が必要である。その方法論策定に当たっては、禅をはじめとする日本の文化的伝統を大いに活用し、世界に冠たる手法を作り上げるべきである。そのためにも、知識詰め込み型教育システムから、文化素養を涵養できる教育システムへの改善も必要である。特に、AI の利用が拡大する世界では、AI を利用できる柔軟で創造性に富む人材としての教育が必要となる。人の役割は、創造的な領域と深い教

養に基づく価値判断の領域が主要なものとなってくると想定されるので、このような教育が重要となろう。

⑦地方の活性化と街づくり

欧米では、地域公的電力会社（シュタットベルケ等）により、地域の資金が地域内で循環するような取り組みをしているところが多数見られる。このようなエネルギーネットと交通・情報ネットを組み合わせた地域振興策も有益ではないかと思われる。そのことにより、地域にもいろいろなノウハウが累積できるし、集中型システムの中で、大都市に集中していた知見が地域に戻り、その地域での後継者への伝承も可能になる。

我が国の市町村の一般会計予算は、一世帯当たり60万円、税収は40万円程度なので、年間電気代を一世帯10万円払っているとすると、市町村財政の2割近く、市町村税収の3割近くの資金が、地方の市町村から中央の電力会社に流出していることになる。ドイツのシュタットベルケは、このような資金を地方の公的電力会社を作ることにより、地方に取り戻し、地方の活性化を図るものである。ドイツにおいては、電力小売を核に複数の公共サービス事業をシュタットベルケが兼業し、電力小売の大きな収益を核として地方バス等の他の公共部門の赤字をカバーし、市民サービスの水準を上げることが行われている。

さらに、地方配電線をシュタットベルケが買い戻すことにより、地方の安定した雇用を作り出している。ネットワーク型社会においては、このような地方の取り組みも重要な位置を占めるようになろう。

我が国においても、電力小売と地方公共交通を組み合わせた、公共的事業体により、地方の活性化を図ることが考えられる。これにより交通・エネルギーの低炭素化、高齢化対応と地方発のイノベーションを進めることも可能となろう。さらにドイツにみられるように、配電線の市町村道への縦断占用の許可更新に際して、配電線網を公共的事業体が購入し、より高度な自治体電力経営を行うということも考えられる。

エネルギーシステムは、元々は地域ごとに賄われる地域性の強いも

のであったが、近代に至って、輸入エネルギーに基づく中央集権的な
システムに転換され、この分、地域産業のマネーフローは大都市の産
業として大都市のマネーフローに転換された。同じように本来は地方
に分散していたはずのものが、中央集権的なシステムとして大都市の
企業に統合されてきた分野が少なからずあるのではないかと思われ
る。エネルギーに見られるように分散型システムを管理する技術の進
歩により、中央集権型のシステムの効率が必ずしも優位ではなくなっ
て来つつあるなかで、もう一度、地方の産業として見直すべきものが
あるのではないかと思われる。地方の衰退を防止するには、このよう
に本来地方に分布しているはずの経済活動を地方に取り戻すことが重
要であろう。AI の導入に連れて、個性や地域性といった多様性が逆
に人間活動の強みになるかもしれないが、このような多様性を地方の
活動の中から生み出していくことも必要であろう。

　かつての産業革命は、交通拠点隣接地の中央集権型のシステムが地
方の分散型の製造システムを駆逐して成立してきたが、高度ネット
ワーク高生産性社会においては、再び分散型の製造システムが中央集
権型の製造システムより優位となる分野が出てくるのではないかと思
われる。

　世界的トレンドとして、大都市集中が進みつつある。これに対応し
て、中小都市を交通・情報・エネルギーのネットワークにより、緊密
に繋ぎ、大都市同様の機能を持たせるというアイデアが EU では提
示されているが、我が国においても地方の活性化のために有益な示唆
を与えるのではないか。また、街づくりにおいては、知識経済の活性
化のための「人間交流中心」の街づくりが求められる。従前の「自動車
中心」の街路設計ではなく、歩行・自転車を中心とした移動と「交流・
創造的活動のためのオープンスペース」に重点を置いた街づくりに転
換が求められる。クリエイティブな環境のためには、「文化的」環境
の活性化も重要であり、「伝統文化」の存在は世界から見たときに我
が国の大きな利点となっているという認識を持って街づくりを行う必

要がある。

ネットワーク時代に即した、交通、エネルギーインフラの整備は、次世代の世界で生き残るために必須であり、このような観点からインフラを見直していくことが必要であろう。

建築物、構築物は、40 〜 50 年の耐用年数を有するものであり、今、建設したものは 2050 年まで健在である。2050 年の時点で不良資産とならないよう今から更新時に新たな考えで順次作り替えていくことが必要である。

⑧知識

ネットワークにより知的活動をする時代には、「特許」は死語となり、ネットワーク上でのオープンイノベーションが主流となる。このような時代に合った、知識の「定義、蓄積、アクセス、獲得、認証」の方法、および教育を考えておく必要がある。

高齢化社会では、高齢者のノウハウを活かす新たな雇用形態が必要となる。現在の多くの日本企業は、高度のノウハウ、技術を持つ高齢者を安易に切り捨て、中韓企業等に取られたりしたために、かつての技術力を維持していない企業が多い。これからの知識経済に基づく社会では、ノウハウ・技術の伝承が重要となる。

⑨開発投資

戦中派の創業経営者のようなリスクを取る思い切った投資ができる経営者がほとんどいなくなり、我が国の産業界は先行投資ができずに長期低落傾向となっている。戦後派の経営者であっても開発リスクのある製品に手が出せるような経営ができる市場制度と製品開発を国が支援する必要がある。ところが国自体が、「既に確立されたもの」「短期的な事業性がわかるもの」にしか支援をしないという傾向がある。国の支援に当たっては、既存企業の幹部や学者といった「在来勢力」ではなく、ベンチャービジネスの若手創業者のような「価値判断」のできる人やイノベーションを実践をした人達を選考者等に当て、新しい産学官による開発投資の仕組みを作るべきである。

037

戦前世代の人には、明治維新を資金面で支えた豪商や若い創業者が腕を振るえるように支援した篤志家、孫文の革命やアジア諸国の独立運動を個人的に支援した資産家、戦後の復興期に思い切って若手に責任を持たせた経営陣等、「大胆かつ志ある大人」が少なからず存在した。残念ながら、現在では大企業に資産が集中するなかで、大企業の役員は創業精神から遠く離れ、銀行をはじめとしてサラリーマンとして受け継いだ遺産の守りに徹している。このような流れが我が国の「じり貧傾向」を助長しているのではないかと思われる。戦前世代の篤志家の遺産が、インド、インドネシア、台湾等の親日諸国であり、今日の我が国の大企業であろう。この遺産を食い潰さないように、「志ある大人」を作り、現代の創業者を支援する風土を復活させることが必要であろう。

⑩グローバリズム対反グローバリズム

　エネルギーの分野での再生可能エネルギーの利用拡大や米国のシェールガス・オイルの生産は、グローバルな枠組みに頼らざるを得なかったエネルギーの枠組みを根本的に変えるものになりつつある。非エネルギー資源国のドイツは、かつてのようにもうエネルギーをグローバルに求める必要が無くなりつつある。高度ネットワーク高生産性社会において、消費者と共に開発した個性的な製品は、国際企業が途上国の製造拠点で作る「規格大量生産安価品」を駆逐するかもしれない。ブレグジットやトランプ政権の誕生は、グローバリズムにより少数のグローバル企業に集中した「規格大量生産安価品」の生産を、没落した中産階級の手に戻すという動きの表れなのかもしれない。一方で通信・交通の発達は、人のグローバル化をどんどん進めている。高度ネットワーク高生産性社会では、人の繋がりはグローバルになりつつ、人は地域に腰を据えた多様な活動を行い、これが経済価値を生むことになるのかもしれない。

第 **3** 章

各　論

> 各論① **エネルギー**

1. はじめに

　我が国においては、再生可能エネルギー（再エネ）の導入を巡る議論は、地球温暖化対策、またはメーカー側の利益を中心とした議論が多い。東日本大震災の後には、これに地方公共団体を中心に防災を考えた議論が加わってきている。しかしながら、欧米における再エネを巡る議論を見ると、単に地球温暖化対策の点からだけではなく、より包括的かつ長期的な戦略に基づき、総合的な対応がとられていることが理解できる。例えば、ドイツ等における Feed-in-Tariff（FIT）制度の動向や EU の再エネ導入目標については、我が国にも断片的に情報が伝えられているが、EU の取り組みの全体像は、我が国で一般に報道されているよりも遥かに戦略的かつ計画的なものであることは余り知られていない。また、情報技術の進展等に伴い、経済の各分野で分散型リソースとエンドユーザーを結び付けるビジネスが展開され、これらの活動を通じて各分野で世界的にイノベーションが進行しつつある。しかしながら、電力システムに関しては、送配電網が持つ自然地域独占的な性格から生ずる排他性に起因して、このような潮流が浸透しなかったため、欧米各国は送配電システムを分離し、中立・公平化することにより、電力システムも世界の潮流に沿ったイノベーションの流れに乗れるように制度改革を行っているということも、我が国では認識されていない。本項では、欧米における、再エネを巡るこのような動きを概観すると共に、我が国の進むべき方向について論じることとしたい。

2. EUの取り組み

(1) EUの本格的・総合的な再エネ導入政策の出発点

EUにおいては、20年以上前から各種の再エネ政策に取り組んでいるが、本格的に取り組む契機となったのは、G8ラクイラ・サミット（2009年）であろう。ラクイラ・サミットにおいては、主要8カ国首脳会議（G8）各国は世界全体の平均気温上昇が2℃を超えないようにするために、2050年までに世界全体の温室効果ガス排出量を50%削減、先進国の温室効果ガス（GHG）排出量を80%削減することに合意している。合意文書（G8 Summit 2009, 2009）の外務省訳文（外務省、2009）の主要な部分は次の通りである。

「G8のセッションにおいて、首脳は、産業化以前の水準から世界全体の平均気温の上昇が摂氏2度を超えないようにする必要性に関する科学的見解を認識し、2050年までに世界全体の温室効果ガス排出量の少なくとも50%削減と世界的な長期目標、およびこの一部として、先進国による2050年までの80%またはそれ以上の削減目標に合意した。」

同サミットに合わせてEU、スウェーデン等を含めて開催された拡大セッションにおいても同様な内容が確認されている。EUの温暖化問題に対する基本スタンスは、ここで確定したと言ってもよかろう。この直後の10月にEU委員会は、「Presidency Conclusion」（EU Council, 2009）という公式文書第7パラグラフにて1990年比で先進国全体として80〜95%の温室効果ガス削減を行うことに合意したと記述している。ところでEUは、ラクイラ・サミットに先立つ4月に、恐らくサミットに備えてEU加盟国の意思統一を図る観点から有名な二つのEU指令を発している。一つは、温暖化対策の目標に関するEU指令であり、もう一つは再エネの導入義務付けおよび電力市場における公平性の確保に関するEU指令である。このように、

① エネルギー ｜ 041

EU は、ラクイラ・サミットの時期に大きな政策決定を行い、再エネ
を中心としたエネルギーシステムへの転換へと大きく舵を切っている
ことが理解できる。この前後に制定された EU 指令等を列挙すると
以下の通りとなる。

2009 年 4 月	EU 指令 29	2℃を超えないという目標設定
	EU 指令 28	再エネ 20％目標設定、グリッド増強政策
2009 年 7 月	ラクイラ・サミット	2050 年 80％削減にコミット
	EU 指令 72	TSO、DSO の位置付け、グリッドの基本指令
	EU 規則 714	Entso-e（欧州送電系統運用者ネットワーク）の機能規定、グリッドの基本規則 PCI プロジェクト （2010 年 6 月　TYNDP 策定）
2011 年 3 月	COM/2011/112	A roadmap for moving competitive low carbon economy in 2050
2011 年 12 月	COM/2011/885	Energy Roadmap 2050
2016 年 11 月	EU 指令 72	電力グリッドの基本の指令の改定案
	EU 規則 714	電力グリッドの基本の規則の改定案

　この一連の措置は、EU が再エネの導入拡大に向けて、かなり戦略
的に動いてきたことを示している。特に注目したいのは、単に再エネ
の導入目標を掲げただけではなく、再エネを電力グリッドに相当量接
続するために必要な電力グリッド改革も併せて行っていること、ロー
ドマップを作成し、総合的かつ長期戦略的に展開していることである。
　EU では、2009 年以前から再エネの導入計画を策定しているが、
これらの計画をベースとして温室効果ガス排出 80 ～ 95％削減を念
頭においた計画が、2011 年 3 月 8 日に策定されている。これは、「A
roadmap for moving to a competitive low carbon economy in
2050（COM/2011/0112final）」（EU Commission, 2011b）という表題

で、文字通り、2050年までに温室効果ガスの排出を80%削減する道のりを示したものである。 このロードマップでは、単なる温暖化対策に留まらず表題に示すように「競争力のある低炭素経済への移行」というより大きな視点に政策の視野が変化している。温室効果ガスの80～95%削減は小手先ではできず、社会システム自体の大胆な移行が必要であり、このような社会システムへの移行をうまく行えば実は長期的には産業政策から見ても様々なメリットを持つことをEUは確信するに至ったと思われる。このあたりから、再エネ導入政策は、産業政策としての側面を強くしていくことになる。これらのEUの考え方を少し解説すると以下の通りとなる。

①EUの化石燃料輸入額の減少・EU内投資の増大

風力等の再エネの多くは設備型の発電であり、燃料消費型の発電ではないので、再エネ中心のシステムにすることは燃料費として中東・ロシア等の域外に流出していたマネーフローがEU域内製造業への投資に変わることになる。低炭素電源への転換により、これらの資金がEU域内で循環するようになる。これによる相当程度のGDP押し上げ効果が期待できる。

②エネルギー安全保障

国際エネルギー機関（IEA）によれば、長期的には発展途上国の生活水準向上等に伴い化石燃料価格は高騰していくことが想定されるので、EU経済を将来の燃料費高騰から守ることになる。また、同時にエネルギーの域外依存率が大きく低下することになる。

③職の創造

再エネ関連産業や域内投資は、多くの新たな雇用を生み出す。

④イノベーション

再エネ導入をはじめとした低炭素社会の構築のためには電力・ガスグリッドの改善、自動車のEV・PHV（電気自動車・プラグインハイブリッド自動車）化、様々な分散エネルギー資源の連携等の多くの新たな投資を必要とする。「今日の投資が将来の経済競争力を決める」という

① エネルギー ｜ 043

ことを考えると、成熟社会の欧州にとって貴重な投資機会を作ることになる。電力システムをはじめとした新たな社会システムへの移行は、多くのイノベーションを生み出し、次世代の EU 製造業の発展の基になる。

(2) EU の温暖化政策における再エネの位置付け

EU で 2050 年ロードマップ（EU Commission, 2011）を決定した直後の 3 月 11 日に東日本大震災が発生している。EU においては、同文書の政策評価の作業を労働環境影響、経済影響等様々な分野から併行して実施しているが、これらの作業の成果も含め、また、東日本大震災による原発影響も考慮しつつ、2011 年 12 月に最終的な文書「Energy Roadmap 2050」（EU Commission, 2011）を取りまとめている。「Energy Roadmap 2050」という冊子（EU Commission, 2012）には、これを実現するには「エネルギーシステム革命」に今まさに着手しなければいけないという趣旨のことが記述されている。この中で、発電等のエネルギーセクターは人為起源の GHG 排出の最大のシェアを占めているので、2050 年に 80% の GHG 排出削減を実現するためには特にエネルギーシステムに重点的に対策を講ずる必要があるとしている。ここでは、2005 年ベースのレファレンスシナリオ、再エネ最大導入シナリオ、原発最小シナリオ等 6 種類のシナリ

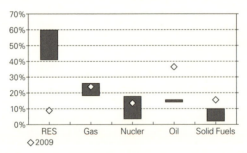

資料：Energy Roadmap 2050（EU Commission）.

図 3-1-1　Range of Fuel Shares in Primary Energy in 2050 compared with 2009 outcom（「Energy Roadmap 2050」）

オについて分析を加え、比較衡量しつつ、多方面わたる影響について評価し、EU 政策の方向付けをしている（図 3−1−1 参照）。

　ここで述べられている EU 政策の方向としては、2050 年には省エネが進んでも、小型・中型自動車の電化（65% のエネルギーシェア）等の進展により電力消費シェア自体は増加するため、電力の脱炭素化のための構造改革が必要で、目標達成のためには、発電部門は 96 〜 99% の脱炭素化が必要としている。特に、再エネに関しては、いずれのシナリオでも電力供給の主力となり、電力消費の 64 〜 97% のシェアを占めることになる。この場合に、再エネの増加に伴い、分散型電源の統合システムと調整電源としてのガス火力・原子力の集中型システムを組み合わせた新たなシステムが必要となるとしている。また、再エネが電力供給の主役となることに伴い、これを支えるシステムの変革（Res Integration）も必要としている。これらの変革により、EU のエネルギーシステムは、OPEX 型（燃料費・運転費型）のシステムから CAPEX 型（設備費型）のシステムに転換され、さらに、このような変革を通じて関連するイノベーションが促進される。ちなみに、大型自動車の燃料はバイオ燃料に転換されることが想定されているようで、我が国ではあまり報道されていないが、バイオ燃料の普及にも力を入れている。

　EU のユンカー委員長は、これらの政策の推進機関としてエネルギー・ユニオンを設立した際に、「我々は、我々の大陸の再エネのシェアを伸ばす必要がある。これは単に気候変動政策として責務を果たすということに留まらず、中期的に引き続き我々が手頃な価格で自由にエネルギーを手にしたいと考えるのなら、同時に産業政策としても必須のものである。それ故、私はエネルギー・ユニオンを再エネで世界一にしたい。」（Juncker, 2014）と発言している。EU は、産業政策の面からも再エネで世界をリードすることを考えているわけである。既存システムの固定観念から変動電源を「厄介者」のように扱う傾向がある我が国とは異なり、長期的な EU 益を考えた「未来戦略」を構築

① エネルギー｜045

している。

(3) 再エネの拡大とグリッドの増強政策

2009年4月のEU指令・Directive2009/28/ECでは、EU全体の最終エネルギー消費の20%の再エネの導入目標を定めているが、同EU指令には、同時に目標達成のために必要な様々な措置についても定められている。特に注目すべきものとして16条においてグリッド接続・運営・増強・増強コスト負担・出力抑制最小化等に関する措置が11項目にわたって定められている。これらの条文では、各条項義務について国内制度を定めることを加盟国に対して義務付けており、加盟各国は、各々国内法等において16条に対応した措置を定めていることになる。同時期にDirective2009/27/ECと関連するEU規則が定められ、EU指令28の目標を達成するための電力システムの改革が強力に行われている。ここに見られるEUの考え方は、再エネを相当程度以上導入するには、併行して電力グリッドの改善・増強も必須であるという考え方である。電力グリッドは、自然地域独占の特徴を持つため、グリッド管理者が従来のシステムを守るために排他的にグリッドの運営を行うと、再エネの導入目標は達成できない。これは、米国で既に先行して実証されていることであり、すべてのグリッドユーザーを差別することなく、公平に扱うことが重要となるが、これを制度的に担保しているわけである。これに加えて、従来の需要地近郊の少数大規模発電施設から一方通行で電力を配分するのに最適化されている電力グリッドを、多数の地方に分散した電源から集電し需要地に再配分するシステムに改変する必要がある。このためのグリッド整備と資金メカニズムを指令で定めている。このようにFIT制度（再エネの固定価格買い取り制度）に見られるような再エネ自体の普及拡大策だけではなく、併行して電力グリッドの各種の増強策を同時に講じるというのがEUの基本的考え方で、アイルランド等は再エネ導入の前にまず先にグリッド増強策を講じている。

表3-1-1に電力グリッドに関するEU指令の概要を示すが、「「実

表 3-1-1　EU 指令等による電力グリッドの公平化・強化の概要

「実潮流ベース」と「契約ベース」	指令 72　15 条	TSO は、「契約ベース」に捕らわれずに「発電の割当」
	規則 714　2 条	「契約上の占有」ではなく「実潮流の満杯」が送電混雑
TSO、DSO の分離	指令 72　9 条	2012 年 3 月までに EU 全体で分離
Entso-e の設立	規則 714 26 条	EU 内の TSO の連合組織として Entso-e の設立
グリッド増強計画策定義務	指令 72　22 条	・TSO は、毎年 (2016 改定で隔年) すべての関係者と協議の上で需給将来予測に基づきグリッド増強 10 年計画を提出 ・隣接国との連携、新たな投資計画を考慮 (2016 改定で、蓄エネ等も考慮) ・最終的にはグリッド投資コストを関係タリフで手当
TSO のグリッド接続拒否の禁止	指令 72　23 条	・TSO は、ネットワークキャパシティの限界をもって新規発電施設のグリット接続を拒否してはならない。 ・TSO は、新発電施設の接続によるグリッド設備増強経費増を理由に接続拒否をしてはならない。
送電キャパシティの配分と混雑管理の原則	規則 714 14 条	・出力抑制の補償義務 ・使われない送電キャパシティの再割当の義務
TSO の情報提供	規則 714 47 条	・電気的、物理的な送電キャパシティ計算 (契約ベースではなく) ・TSO は、前日、一週間前、一カ月前の利用可能キャパシティの情報を公表
DER の推進	指令 72　3 条 2016 年改訂	電力国際融通、デマンドレスポンス、蓄電、EV 等の利用拡大
電気自動車	指令 72　33 条 2016 年改訂	加盟国は、DSO グリッドに電気自動車の充電システムを設けるような措置を実施

① エネルギー　｜　047

潮流ベース」と「契約ベース」」というのは、先行した米国電力改革に際してホーガン等が提案したもので、従来の「契約ベース」で送電線のキャパシティを占有するようなやり方は、実際の電流の流れから見れば「全くの虚構」であり、このような方法でキャパシティの割り当てをするよりは「実潮流」ベースでキャパシティの割り当てを行った方が遥かに効率的に送電線を使えるという考え方である。EU 指令においてもこれが明記されているわけである。具体的なイメージとしては、例えば、A 地点の原発の需要地までの送電線を特定のルートを指定して先着優先で排他的に確保するというような手法がここでいう「契約ベース」のキャパシティの割り当てで、「実潮流ベース」というのは、A 地点と需要地を繋ぐあらゆる送電ルートをループフローも含めて物理的・電気的に実際に流れる電流をリアルタイムで計算して科学的に送電キャパシティを割り振るというものである。この方法では、例えば動いていない原発のために送電線が形式的に占有されるということはなくなる。また、TSO というのは超高圧送電を扱う送電事業者、DSO というのは配電事業者であるが、これを分離し、さらに TSOを広域的に連携させることにより EU 全域での電力の広域融通が可能となる体制を構築している。この広域融通のキャパシティ計算も実潮流ベースで行われている。

　再エネは EU 内の貴重な域内資源であるが、水力発電を見れば理解できるように、再エネは、エネルギー源により立地適地は千差万別で概ね都市近郊ではなく地方に資源が分散している。また、太陽光発電のように出力の自然変動が大きいものがある。地方の電力を需要地に持ってくるには広域的なグリッド管理が必要であり、また、個々の変動出力と需要の変動をマッチングさせるには、なるべく広域的にグリッドを管理して全体として需給の平準化を図ることが有利となる。TSO には、需給計画を作成する際に管内の需給だけではなく、隣接の TSO との相互連携を最初から同等に組み込んで需給計画を策定することが義務付けられている。広域連携線は非常時の電力融通のみに

利用され、普段は基本的には管内で需給を完結させるという我が国の体制とは根本的に異なると言えよう。この他に、送電キャパシティの不足や増設投資が必要なことを理由に発電施設の接続拒否はしてはいけないことが定められている。そのかわりにグリッド管理者はグリッドキャパシティの増設を行い、グリッドタリフとして電気料金に増設経費をのせることができる仕組みとなっている。なお、EU では、グリッドの使用料はエンドユーザーから取るのが基本となっており、ドイツのように 100％需要側から取るところも多い。発電側から取る場合も 20％程度以下で、大規模火力も原発も再エネも、同等の kwh 単価となる。既存の大規模火力からの送電料は電気料金から徴収されるが、IPP（独立系発電事業者）等の第三者が繋ごうとすると、発電側に「託送料」を要求するようなことは禁止されている。このように、再エネの導入と電力グリッドの増強が調和的になされるよう制度的措置をとることにより、我が国で惹起したような「グリッドキャパシティ」の不足を持って再エネ接続が拒否されるという問題は発生しないことになる。さらに、「再エネの出力抑制を最小とする」、「出力抑制に対しては金銭的に保障する」という義務も課されているので、グリッド増強をせずに出力抑制を一方的に再エネに要求するという事態も発生していない。

　EU では再エネは概ね 11 万 V 以下の配電グリッド（DSO（配電管理者）グリッド）に接続されることが多いが、このような制度を通じて DSO のグリッドは単なる配電用グリッドではなく、再エネの集電システムとして改変・増強されてきているわけである。EU においては、地方に分散する再エネ資源を DSO グリッドで集め、必要に応じて TSO（送電管理者）のグリッドに上げた上で需要地に配分するというシステムとなっており、ドイツでは変電施設は「双方向」型となっている。EU では先に示した「Energy Roadmap 2050」において 2050 年までの再エネ拡大目標達成のために必要となる電力グリッドの拡大について五つのシナリオごとに整理している。**表 3-1-2** は「Energy

① エネルギー | 049

Roadmap 2050」に掲載されているもので、TSO、DSO の別に、2050 年までの電力グリッド増強に必要な投資額が整理されている。いずれのシナリオにおいても再エネが主要な電源として想定されているので、相当のグリッド投資が必要となる。我が国においては、TSO レベルの長距離の連携線の話が話題になることが多いが、EU の場合、多くの再エネが DSO に接続されていることもあり、電力を集めるための DSO レベルの必要キャパシティ増強投資額が TSO の要投資額の数倍の規模と見積もられている。

表 3-1-2　シナリオ別の EU のグリッド投資予測

Euro'05	Transmission Grid investment (bEUR)				
	2011〜 2020	2021〜 2030	2031〜 2040	2041〜 2050	2011〜 2050
Reference	47.9	52.2	53.5	52.0	205.7
CPI	47.1	49.6	64.8	66.6	228.2
Energy Efficiency	49.0	63.1	80.3	80.1	272.5
Diversified supply technologies	52.8	70.2	88.0	86.8	297.8
High RES	52.8	95.5	137.8	134.4	420.4
Delayed CCS	52.7	71.0	88.6	87.6	299.9
Low nulcear	52.9	73.8	95.2	94.8	316.6

Euro'05	Distribution Grid investment (bEUR)				
	2011〜 2020	2021〜 2030	2031〜 2040	2041〜 2050	2011〜 2050
Reference	243.7	263.5	280.5	276.0	1063.7
CPI	245.0	239.3	317.6	325.9	1127.8
Energy Efficiency	256.3	289.1	408.4	291.8	1245.5
Diversified supply technologies	284.2	345.9	454.3	329.8	1414.1
High RES	283.5	440.0	619.8	431.5	1774.8
Delayed CCS	283.4	349.4	445.1	339.6	1417.5
Low nulcear	286.4	350.8	472.5	366.5	1476.3

資料：「Energy Roadmap 2050」（EU Commission, 2012）.

EUにおいては、改革が進むにつれて分離された送電会社、配電会社は、業態の性格上そのままでは会社としての発展性に限界があるため、むしろ積極的に再エネ受け入れのためのグリッド増強投資をすることにより、企業としての成長を図る方向に転じている。さらにEUにおいては、旧電力会社は発電からはフェイズアウトし、自分たちこそがイノベーションの担い手であるという認識のもとにグリッドビジネスや関連する新ビジネスに主力を置き、他の先進国に先んじてグリッド改革を行うことに邁進している状態である。

2016年の制度改革案では、電力グリッドのさらなる将来像に向かうべく、電気自動車や蓄エネ施設、シュタットベルケのような地域公共電力、デマンドレスポンス等が制度上に位置付けをされEUの目指すネットワーク社会の構築へ向け、さらに一歩踏み出した形となっている。

3. 米国の取り組み

(1) 米国の考え方

ニューヨーク州政府の話では、「現在の電力システムはエネルギー面で非効率であるだけではなく、金融面でも非効率である。他の産業で導入されているIT技術も活かされておらず、イノベーションが進まない」。これを改善するために電力改革・REV（ニューヨーク州の改定エネルギー計画(2014)）を進めているとのことである。ここで言う「非効率」とは、実は従来型の大規模発電施設は、年間54％しか利用していないのでエネルギー面でも、投資としても非効率であり、このような非効率が許されているのは自然独占状態の電力業界がイノベーションから取り残されてきたからという認識であった。既成概念ではピーク需要対応の施設の利用率が悪いのは止むを得ないということになるが、米国の行政当局の指摘は、巨大な装置を作りながら半分の時間は遊ばせておき、長距離のエネルギー伝達で大きなロスを伴いなが

① エネルギー | 051

ら利用するというシステムは、身近で発電したり電力の制御をする技術がなかった時代の産物で、他の分野で進んでいるICTによる分散化・相互融通・高度化の流れから取り残されているということである。連邦エネルギー規制委員会（FERC）の制度導入時の考え方も同様であろう。

　ニューヨーク州のREVは、20年前からFERCにより進められた一連の改革が連邦政府機関たるFERCの担当分野である送電・卸売段階の改革であると同様に、州の権限に委ねられている配電・小売段階で同様の改革をさらに進めようとするものである。この中で、従来の垂直統合型の電力システムの問題点と技術・需要側の要請の変化を改革の動機として整理している。

　主要な点は以下の通りである。
①現在の経済は、ますます電力への依存を深めている。特に、デジタル化の進展により、信頼性強化のニーズが増加している。
②経済のグローバル競争の激化は、経済の電力依存の増加と相まって、電力システムの非効率を許さなくなってきた。
③電力需要全体は増加していないが、ピーク需要は増加している。
④気候の極端化と経済のデジタル化の進展による信頼性増強要請は、需要側を自家発電へと駆り立てている。
⑤低炭素化の要請による風力、太陽光といった変動電源の取り込み
⑥EV・PHVの普及

　ニューヨーク州のREVでは、このような時代の要請に対応して、従来のシステムを見直す必要があるとしている。例えば、以下のような点が挙げられている。
①経済のデジタル化とグローバルな競争は、新たな産業・技術を作り出し、グリッドと需要家の役割を変えている。
②情報技術の進歩は、グリッド制御の能力を高めている。
③情報技術の進歩は、需要側の需要コントロール能力も増加させ、グリッド側が需要側の資源をコーディネートが可能となった。

④コージェネレーションや太陽光発電等の分散電源や電力貯蔵の効率が向上し、コストが低下した。

⑤電気自動車等のアンシラリーサービスへの利用可能性がある。

これらは結局、経済・産業のデジタル化・分散化の潮流に対応したイノベーションを電力システムにももたらすということであろう。

(2) 米国の電力システム改革

米国の電力システム改革の中心となる制度は、FERCにより発出された一連の命令に根拠を置いている。以下に、米国の連邦レベルでの制度改革の流れを追っていくこととする。

1996年の段階においても、送電線システムは依然として自然独占状態のままで、送電グリッドへのアクセス拒否や将来のアクセス拒否の可能性があり、FERCは、公平な送電システムの構築こそが電力卸売市場の健全な競争環境の形成のカギとなるという認識のもとに、このような障害を除去するための送電システムの制度改正に踏み切り、Order No. 888を制定した。これが米国の送電グリッド管理者ISO (Independent Transmission System Operator) の設置の根拠となっている。Order No.888と同時に、Order No.889により、情報のシェアシステムOASIS (Open Access Same-Time Information System) への情報開示の義務付けを行い、関係者の公平な情報アクセスを可能としている。OASISの構築は、単なる情報システムの構築に留まらず、先にEUの改革の部分で説明したように、従来の契約ベースの送電キャパシティの計算を実潮流ベースのリアルタイムの計算に変えることにより、送電線運用の効率化を図ることにもある。その後、Order No.2000により州をまたがる送電管理者RTO (Regional Transmission Organization) の設置について規定している。

FERCは、Order No. 888の送電計画は送電管理者の「信頼性確保」という内部ニーズにより定められるので、外部から来る新たな送電投資ニーズに十分に応えることができず、送電の公平性を十分に確保できないと考え、Order No. 890を2007年に定め、新規参入者、州

① エネルギー | 053

政府等も含むすべての関係者に送電計画策定プロセス、関係情報を
オープンにし、関係者全員の参加のもとに計画策定することを送電管
理者に義務付けている。これにより、新たな再エネ設置者のニーズや、
州政府、エネルギー省の政策ニーズも送電計画に反映されるように
なったわけである。また、米国の制度では、必ずしも全米をカバーす
る広域の電力ネットワーク整備のインセンティブが働かないため、
2011年にFERCはOrder No. 1000を定め、広域送電計画の策定
を義務付け、経費負担のルールも定めている。制度制定の流れは、以
下の通りである。

1996年4月	Order No. 888	送電分離(ISO)、送電オープンアクセス
1996年4月	Order No. 889	情報開示
1999年12月	Order No. 2000	広域送電機関(RTO)
2007年2月	Order No. 890	送電の公平性、政策連携
2011年7月	Order No. 1000	広域送電計画

(3) Order No. 889 とノーダル・プライシング

Order No. 889は、Order No. 888とセットで制定されており、
Order No. 888の実施に必要となる情報システムOASISをこれに
より構築することとしている。Order No. 889では、まず送電管理
者にOASISへの参加を義務付けている。Order No. 889は、次の
通り三部構成となっている。

第一部：送電管理従事者と電力卸取引従事者の分離、卸取引の従事
者のOASIS公開情報以外の送電情報へのアクセスを禁止。

第二部：送電システムの状態に関する情報開示の基本的なルールを
定め、すべての送電利用者が送電キャパシティの見積もりができ、送
電所有者等が送電操作等により、「アンフェア」に送電アクセスを阻
害すること防止している。

第三部：技術的規定。

第二部に関するOASISの主要な規定は、次の通りである。

①送電管理者は OASIS の運営をし、送電キャパシティの利用可能性、料金、その他の情報にアクセスできるようにしなければならない。

②送電管理者は、送電キャパシティ情報を OASIS に提供しなければならない。

例えば、以下の通り。

a. 利用可能な送電容量 (ATC)、総送電容量 (TTC) をあらゆるコントロールエリア間の送電経路について OASIS に提供しなければならない。出力抑制、送電停止等（一時間単位）の情報についても提供しなければならない。

b. 混雑経路（残存送電用容量が 25％ を切る送電経路）については、当該時から 168 時間以内は毎時、その後は 1 日単位で 30 日間、さらにその後は、月単位で 1 年間の情報提供をしなければならない等。

欧州では、広域の融通を市場原理で実現することを目標に、送電ネックによる市場価格デバイドを無くすべく、送電線の増強に努めているが、米国の場合は送電線増強が進まないということもあり、むしろ随所に送電線制約があり、電力市場価格も異なるということを前提としてシステムが組まれている。このため、送電線制約がすべての電力結節点間で計算され、価格に反映された「ノーダル・プライシング」という考え方が主流となっている。

FERC は、実潮流（フローベース）に基づけば、「契約ベース」で人為的に割り振ったキャパシティと比べて、同じグリッドでも格段にキャパシティが増加し、効率的利用が可能となることに気が付き、この考えを改革の基本としている。あらゆる結節点の間のこのようなフローベースの情報を提供するのが、OASIS の任務である。さらに進んで、あらゆる結節点間のフローベースの予測により、すべてのノード間の時々刻々の実態送電キャパシティを明らかにすることができる。OASIS で FERC が開示要求するノード間の利用可能キャパシ

① エネルギー | 055

ティ（ATC）も契約ベースではなく、このようなフローベースのATCである。送電管理者の側からも、日々のバランシング運用の中で、結節点ごとの時々刻々の実送電制約と市場価格を知ることは重要である。このようなことからフローベースの計算に基づき、結節点ごとに卸電力市場価格を決定するのがノーダル・プライシングの特徴と言えよう。

ちなみに、グリッドキャパシティの小さいノードでは、再エネの発電量の増加に伴い、マイナス価格になるので、積極的に出力抑制行う必要はないというのが NY（NewYork）ISO、CA（California）ISO の再エネの出力抑制についての見解であった。

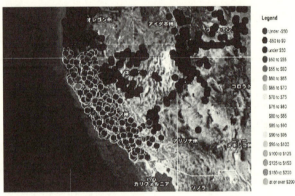

資料：CAISO ホームページ

図 3-1-2　CAISO Price Map Fifteen-Minute

4. 電力グリッドのインテリジェンスネットワーク化

　Global Europe 2050 にあるように、厳しい国際競争の環境下で来たるべき高齢化・労働人口減少社会で生活水準維持・向上を実現するには、「work harder」、「work longer」、「work smarter」の三つの選択肢のどれかによらなければならず、当然、「スマートに働く」という選択肢を取らざるを得ない。電力システムもこれに対応して脱炭素かつ分散・情報社会適合型のスマートなシステムにする必要があ

るということになる。一方、米国についてもニューヨーク州での電力改革「REV」に類似の考え方が見られる。REV を見ると、経済はデジタル化の深化に伴いますます電力への依存度を高めているが、一方で経済の厳しい国際競争の環境下で電力システムの非効率は許されず、また、より高い信頼性が求められているとされている。さらに、ICT・EV 普及等の新たな技術の展開や信頼性確保のための分散自家発化の動き、気候の極端化に起因する低炭素化の要請という時代の要請に応えられるように電力システムは変革する必要があるとされている。欧米共に一業界の目先のコストカットや経済効率を考えているのではなく、社会の長期生き残り戦略を考えているわけである。これからは、情報とエネルギーがリンクしたイノベーションにより、社会システムを進化させる必要があり、そのためには電力システムを「インテリジェント　ネットワーク　プラットフォーム」化しなければならないという考え方である。以上のように欧米共に、将来の産業構造の変化を見据え、また、気候の極端化に対応して、電力システムを次世代型に脱皮しようとして舵を大きく切り、真剣に動き出している。既に出遅れ気味の我が国にもこのような議論が必要なのではないだろうか。

5.　ガスグリッドとバイオ

　ここまで電力について論じてきたが、我が国の場合は先に述べたようにガス TSO が存在していないため、各地の DSO が孤立している状態である。このため、ガスの調達に当たっても基本的には各地域ごとにバラバラに対応するということが行われている。ガス市場の効率化、近代化はもとより、海外とのパイプライン接続にしても全国グリッドが前提となるのが世界標準であろう。潤沢な国産エネルギー資源として期待されているメタンハイドレード由来の天然ガスが採掘されても、全国グリッドがなければ流通することはできない。EU の将来像

① エネルギー | 057

にある PtoG (Power to Gas) の体系や FCV 用のガス供給にしても、やはり全国グリッドが必要となる。

　ガス供給は、欧米では天然ガス井から直接パイプラインにより需要地点まで輸送し、供給することを基本としているが、我が国は LNG 基地を中心としてガス供給が行われてきた。このため、EU では EU 全体を覆う形の幹線パイプライン網が整備され、これに各地の小売り用の配ガス網が接続している。幹線パイプラインの管理者は TSO (送ガス事業者) と言われ、配ガス管理者が DSO (配ガス事業者) と言われているところは電力と同じである。

　これに対して、我が国のガスパイプは、基本的には配ガス網しか存在していない。唯一の例外は、新潟のガス田から近隣需要地に延長されているガスパイプラインである。このため、我が国の場合、ガス小売事業者の商圏が拡大して隣接小売り事業者と接して初めて DSO 間の接続がされ、欧米で言うガス TSO に相当する事業者は存在しない。一方、EU では、さらにガス市場の EU 全体での一体化、効率化を目指して長期的・計画的なガスグリッド増強政策がとられている。なお、後発の中国、韓国では欧米にならって既に国土全体を繋ぐ幹線パイプラインが整備され、ガス市場の一体化が進められている。

　EU の Energy Roadmap 2050 では、2050 年のエネルギーシステム構築に向け、ガスは重要な役割を担うものとして、熱源としてのガス需要は省エネの徹底により大幅に減少するものの、調整電源としての期待もあり、ガス発電は現在より少し伸びるという想定をしている。

　EU では、電力・ガスのエネルギーグリッドの強化策が、階層的に進められ、加盟国間レベルでは、PCI (国際間の共通利害プロジェクト) が EU 主導で進められ、EU 内の TSO レベルでは、Entso-g の TYNDP プロジェクトが進められている。いずれのプロジェクトにおいても、市場一体化、エネルギー供給多様化、再エネの結合等のためにグリッドのボトルネックを検出し、優先的に増強すべきグリット

を整備していくものである。これらのプロジェクトは基本的には
TSO のグリッドタリフで償還することとされているが、EU からの
財政支援の対象となり、また、関係国のグリッドタリフの規制におい
てこれらのプロジェクトが考慮されるよう EU 規則で優遇措置が定
められている。電力の場合は再エネ統合が大きな課題であるが、ガス
においてもガス系再エネの組み込み、将来の PtoG に備えてのグリッ
ド増強も政策の視野に入っている。

　実はバイオエネルギーの利用の観点からは、ガスのグリッドも欧米
では重要な役割を担っている。欧米では、各地で生産されたバイオガ
スは TSO パイプラインの受け入れ基準（カロリーについては柔軟、不
純物について一定基準）を満たすように不純物が除去され、「バイオメ
タン」として幹線パイプラインに投入され、取引される。PtoG で発
生した水素も同様にガスパイプラインに投入される方向のようであ
る。バイオ資源の利用技術についても、デンマーク、ドイツ等では、

表 3-1-3 National biomethane standards*

Component		Austria	France	Belgium	Czech R	Germany	Holland	Sweden	Switzerl
CH₄		≥96	≥86	≥85	≥95		≥85	≥97	≥96
CO₂		≤3	≤2, 5	≤2, 5	≤5	≤6 (dry)	≤6	≤3²	≤6
O₂	% (vol/mol)	≤0, 5	≤0,01		≤0,5	≤0,5 (wet), 3 (dry)	≤0,5	≤1	≤0,5
H₂		≤4	≤6	≤0,1		≤5	≤12　0,5	≤0,5³	≤4
CO			≤2	≤0,2			≤1		
S Tot		≤10	≤30	≤30	≤30	≤30	≤45　16.5	≤23	≤30
H₂S (+COS in FR, BE)		≤5	≤5	≤5	≤7	≤5	≤5	≤10³	≤5
Mercaptanes		≤6	≤6	≤6	≤5	≤15	≤10　6		≤5 ppmV
Halocarbons	mg/Nm³	0	≤1 (Cl) ≤10 (F)	≤1 (Cl) ≤10 (F)	≤1.5 (F+Cl)	0	≤50/25 (Cl/F)		≤1
Heavy metals			≤1 (μgHg)	≤1 (μgHg)		≤5			≤5
Siloxanes		≤10			≤6 (Si)		≤5 ppm = 0.08 6.2 (Si)　(Si)		
Ammonia H₂O		Tech. free	≤3	≤3 ≤110	None		≤3	≤20 ≤32	≤20
Water dew point	℃	≤≈8,40 bar	≤−5, P$_{max}$		≤−10	Soil temp.	≤−10,−8 8bar 70bar	≤t$_{min}$−5	Prevent cond.
Odorant		Demand Distr.	15−40 mg THT/m³			Demand Distr.	≥10, 18 40 mg THT/m³	Demand, Distr.	15-25 mg THT/m³
Particles		Tech. free	Tech. free		No part.	No part.	Tekn. ren	≤1 μm	

*Sources : Marcogaz report(2006);HSE(2010)'';TC234/WG9(juli 2010),unpublished draft of Technical Report(TR):''Gases form non-conventional sources − Injection into natural gas grids − Requirements and recommendations''; Proposed Decree by the(Dutch) Minister of Economic Affairs, no. WJZ/13196684, establishing regulations for natural gas grid composition (03-02-2014)

資料：Dr. Mattias Svensson, Swedish Gas Technology Centre.

還元雰囲気での加熱ガス化により、発酵ではなく直接、効率的にバイオガスを製造する技術があり、木材チップボイラーも高度な燃焼・温度管理を行うものとなっており、我が国は技術的にもかなり遅れを取っている。

サクラメント市営電力会社の SMUD は、先進的取り組みをしているカリフォルニア州の中でも、温暖化対策で一歩先を行っている。2014 年に 26％の再エネ比率を達成し、2050 年に 90％という意欲的な目標を掲げている。SMUD の 14 年の再エネ利用量のうち「バイオガス・バイオマス」が 28％、「バイオメタン」が 18％を占める。バイオガスは、ガスをオンサイトでそのまま燃料として発電するのに対し、バイオメタンは製造場所からパイプラインで運んで発電燃料にするという違いがある。SMUD の場合は、バイオメタンをテキサス州、コロラド州のバイオメタン製造業者との相対契約で確保し、TSO パイプラインを使ってカリフォルニア州のガス発電施設まで運んでいる。バイオメタン製造業者は、受入基準を満たせばバイオメタンをパイプラインに投入できる。米国の発達した TSO パイプライン網が、再エネ利用に役立っている事例と言えよう。

東日本大震災の際に仙台市内の中圧管に繋がった自家発電は周囲がブラックアウトする中で電力供給を停止しなかった。このように災害時のエネルギー供給においても TSO 規模のガスグリッドは、エネルギーの相互融通やシステム強靭性の観点から重要である。我が国においても、国土強靭化調査会で取り上げられ、天然ガス供給のない日本海側のいくつかの自治体でも真剣に研究が進められつつある。

6. 我が国の再エネ政策の進むべき方向

このように、EU も米国もそれぞれの状況に応じて、努力を重ねてきている。これらに通じて言えることは、FIT 制度のような単に再エネの導入政策として考えているのではなく、

①エネルギー安全保障や産業政策としての観点も含め、総合的、戦略的に考えていること。

②安全保障の観点からは、再エネやメタンハイドレード、バイオといった国内資源を活用して自給比率を高めること。近隣地域とのエネルギー連携を高めること。ガスの全国グリッドを構築すること。

③電力グリッドを今までの私的運用から、道路のような公共的運用に切り替えるために、公平性の担保を各面から徹底して行っていること、電力グリッドの性格を時代の要請に応じて変えていること。

④電力グリッドの非効率な運用を改め、「実潮流ベース」のICT時代に相応しい運用に転換すること。

⑤再エネの拡大に合わせたグリッド増強ができるように、長期的な計画を、関係者すべての参加を得て作成していること。

⑥グリッド増強のコスト負担が公平かつ増強インセンティブが働くように定めていること。

⑦公平性の担保のための情報開示のシステムを構築していること。

⑧電力のTSO、DSOを分離し、TSOの全国連携による電力の全国融通を活性化すること。（50−60Hz間は直流融通）

⑨ガスTSOを育成し、全国規模のガスの需給調整ができる体制を作ること。

が、挙げられよう。我が国でも、これらの点についてさらに掘り下げた議論と制度構築が必要であろう。

　さらに、欧米においては、ガスグリッドと電力グリッドの連携も視野に入れている。温室効果ガス削減80％を達成するためには、PtoGの活用やバイオメタンの活用が必要となるが、これらを流通するためにはガスTSOが不可欠となる。

　もう一つ忘れてはならないことは、欧米のエネルギー改革は、IPPや再エネ発電事業者のビジネスを考えて設計されている点である。我

が国の再エネ制度は、太陽光発電システム製造・販売業者のような「売る側」のこと中心に考えているように見受けられる。「使うビジネス」の立場に立った制度設計が必要であろう。「売る側」も、「使うビジネス」を考えた製品・サービスの展開を考えないといつまでたっても主力商品として本格的に「売れる」ようにはならないであろう。

　欧米においては、このような「大改革」を通じて、イノベーションを活性化し、産業界のポテンシャルを高めるという政策がどんどん進められており、このまま行くと「国内的障壁」に足をすくわれている我が国の産業界のみが世界の動きから取り残されるということになりかねない。戦後の高度成長を実現してきた、戦前世代の財界人や政治家のような強いリーダーシップが期待されるところである。

> 各論②

産業の高度化・効率化、技術開発（革新）：
コンビナート統合、エネルギー産業等

1. はじめに

　本項では、日本国内での、現代のエネルギー産業の概要を振り返り、その特徴や特殊性を概観したのち、改めてエネルギーの本質問題について考察を加える。そのうえで、2050年戦略への提言と将来を占ってみたい。

2. 日本のエネルギー産業の概要について

　日本のエネルギー産業の概要について簡単に振り返ることとする。そして、日本の特殊性について考察する。

（1）日本のエネルギー産業
①工業化以前、石炭から石油へ

　かつて、工業化以前の日本の重要なエネルギー源は、今で言うバイオマスや、水力等再生可能エネルギーが主体であった。当時は、地方では、近隣の里山からの間伐材等利用もあり、都市では建設廃材や、生活廃棄物を売り買いする業者の利用もあり、無駄のない究極の省エネ社会であり、世界的に見てもさながら循環社会の先進国であった。これは、日本の気候風土によるところが大きい。

　石炭をエネルギー源とする産業革命を経て、近代社会になり、工業化の波が押し寄せ、エネルギーの大量消費時代を迎えても、日本は当時としては豊富な資源量と、生産のための労働力をテコに、1874（明治7）年における石炭生産総量は21万tで、その内輸出量は12万tを占めていた。

---

② 産業の高度化・効率化、技術開発（革新）：コンビナート統合、エネルギー産業等　│　063

その後も、順調に生産を伸ばし、石炭は日本経済の屋台骨を支える基幹産業として、工業立国の経済的基盤を築き、奇跡とも呼ばれる急速な産業化を果たす原動力となった。

　次に訪れるのが石油の時代である。

　日本で最初に建設された「製油所」は、1852年に妙法寺村（現在の新潟県柏崎市）の庄屋・西村輝一が、実兄である柏崎市半田村の庄屋・阿部新左衛門の宅地内に創設した焼酎蒸留法を利用した「原油蒸留所」である。当時は、石油の主要な用途は灯火用で、それまでの動植物油の代替で灯油以外の留分は用途がなく利用されていなかった。製油を事業として捉えたのは、日本石油の創始者・内藤久寛で、1888年に資本金15万円で会社を設立した。

　産業化以前のエネルギーや石炭と異なり、石油は次のような特徴を持ち、国内では急速にエネルギーのトップの座を得た。その特徴とは、液体燃料であるが故の輸送の簡便さ、単位重量当たりの高い発熱量、用途として燃料用だけではなく、化学工学の発展に伴い、素材分野でも自然素材からの代替需要を得ることとなったからである。さらに、様々な化学工業および触媒技術の発展によって、石油の留分を変換したり、不純物を取り除いたりすることができた。

　ただし、石油は石炭とは異なり、資源としては日本では存在量が少なく、石油争奪のための大戦を経て、戦後は新しい時代に突入する。石油が存在するのは、日本からは1万2,000km以上離れた中東である。

　これは日本が工業化を進めるうえで、国際的にも非常に不利であった。すなわち、日本にはもともと資源国から比較すると圧倒的に少ない資源埋蔵量と、外国から資源を購入するにも資源国からは遠いということである。工業化をして加工貿易で海外から収入を得るには、まず安価なエネルギーや原料を輸送・貯蔵費を含めて安価に調達できることが大前提であった。

　これにより、1950年代には、石炭から石油へのエネルギーシフト

が急激に進み、1950年から1960年までの10年間に、燃料油の需要は3万4,000B/Dから、49万4,000B/Dへと約15倍となった。これに合わせて精製装置の整備も行われたが、当時は元売りが15社あり、業者間の数量の過当競争で「利益なき繁栄」と言われ、それは最近のスタンド間の燃料油価格の競争が是正されるまでの業界体制の原型となった。

ところで、日本で最後に石油の製油所が建設されたのは、出光興産・愛知製油所で1970年である。それ以来50年近く、国内には新しい製油所は建設されていない。

②ガス体エネルギーの利用について

第三の火として、国策で進められた原子力開発の陰で、ガス体エネルギーも新たなエネルギー資源として日本独自の発展を遂げることになる。

国内では、ガス導管事業は、電気、水道と並ぶ生活インフラの手段として、コークスから製造されて供給された。主成分は、有害なCO（一酸化炭素）と水素の混合ガスである。また、低圧で液化してボンベでの輸送が可能な、LPガスも広く供給インフラを整えることとなった。

さらに日本では、1969年にはLNGが登場した。これは、天然ガス由来のメタンを主成分とした留分を冷却して液化したものである。

LNGの有用性は、環境適合性、価格等があるが、石油との大きな違いは、ガス田より産出する天然ガスを生産地で精製して不純物等を取り除いて需要地へ輸送する、生産地精製方式がとられていることである。

日本では導入以来、現在までLNGの利活用面で世界をリードしてきた実績がある。

一方で、LNG導入を契機として、ガス会社を中心として、長い時間をかけて都市ガスをLNG由来の天然ガスに切り替えてきた。実は、都市ガスが完全に天然ガスに切り替わったのは2010年である。

③日本の石油産業の特徴について

　石油産業にとって、最大の問題は、前述したように国内ではゼロではないにしろほとんど採掘することができず、すべてを遠隔地からの輸入に依存せざるを得なかったことである。

　これを強みに変えるべく、日本独自の言わばコスト低減策が導入された。その一つが消費地精製方式であり、もう一つが製油所を中心とした石油コンビナートである。

　さらにこれらの燃料転換が、徹底した行政主導で行われたところが日本の大きな特徴である。また、主要な精製技術や分解技術は、国内では開発できるはずもなく、欧米特に米国で開発されたものを技術導入していた。

　消費地精製主義とは、原油を消費地に運び、そこで精製する方法である。

　日本は、遠方から原油を輸送する必要がある。日本では、極東の大消費地に大規模な製油所を建設し、大型の原油タンカーで運ぶ方式が政府の指導のもとに進められた。その反対に、産油国に製油所を建設し製品を輸入する生産地精製方式がある。

　石油コンビナートとは、製油所を中心として、企業相互の生産性の向上のために原料・燃料・工場施設を計画的・有機的に結び付けた企業集団のことである。狭義には、原油から製造されるナフサ（粗製ガソリン）を熱分解して得られる、エチレンを中心とした留分を利用する石油化学会社が集まり、原料をパイプラインで供給することを特徴とする事業形態をいう。主要な原料をパイプラインで輸送することにより、輸送コストを大幅に削減することができるのが特徴である。現在、日本には15カ所の石油化学コンビナートがある（図3-2-1参照）。

　上記特徴は、長く全体効率化に貢献した一方で、最近では個々の会社では、生産効率低下、コスト上昇の一因となり、合理化という意味ではネックとなる場合がある。

　石油化学コンビナートでは、留分のやり取りや技術の発展により、

図3-2-1 石油化学コンビナート所在地およびエチレンプラント生産能力

ある程度必要な製品の得率を調整することはできる。しかし、製品の大規模化と、個々の市況価格の変動により、副生成品等をバランスよく販売する必要が生じ、個々の製品市況によってはコストアップのリスクを抱え込むことになる。

(2) 改めてエネルギー産業とは
①二つの大前提（自然現象と、政治・経済ルールについて）

最初に大前提について改めて整理する。それは、自然現象と政治経済的なルールの二つが存在する。

・自然現象

自然現象としてのエネルギーとは、仕事をすることのできる能力の総称である。位置・運動・熱・光・電磁気等形を変える。総量は保全される。ただし、その同じ仕事においては不可逆的である。簡単に言えば、「物は落ちる」ということで、一度落ちたものは外からエネルギーをかけないと最初の位置には戻らない。

この前提では、単位エネルギー当たりの価値は、種類を問わず同じである。エネルギーの経済性比較で、一定重量当たりの熱量で示すことが多いのはその理由である。

・政治・経済ルール

政治・経済的なエネルギーとは、エネルギー資源のことを指す。自然現象として等価値のエネルギーであっても、これを供給するエネルギー資源となると、使い勝手の面では等価値ではない。また、エネルギー資源は偏在する。つまり輸送の必要が生じる。輸送にはエネルギーを消費することになる。

特に近代の歴史を紐解くと、エネルギー資源と政治や地政学とが密接に関係し、様々な争奪の紛争を起こしてきた。規制、法整備、税制、補助金等を活用する形で、政治的な決断に基づき、ある意味しばしば、自然現象とはかけ離れた形でエネルギー選択がなされてきた歴史が存在する。

さらに経済ルールのもとでは、自然現象的には等価値のエネルギー資源の選択理由は、安価なものを選択することである。従来の経済ルールでは製品の価格は、需要と供給のバランスで決まるというのが大前提であったが、現在は多少異なったルールが存在する。

以前の生産者側から見た従来の工業化時代のルールでは、原料代に加工費、物流費等の販売直接費と利益を加えた製造原価に基づいて決めた価格で販売できなければ、生産を継続することはできなかった。このため、何らかの形で市場に対して、標準的な価格を示してそれに基づいて取引をするという原則が存在した。いわゆる定価制度である。

同じ価値を持つ製品は、どの会社が製造しても同じような価格で取引されるのが通例であった。しかし、最近の新しいルールのもとでは、定価制度はある意味、高価格誘導、自由競争の阻害等として規制されるようになっている。これに代わり、現在は、製品を市場いくらで売れるか、いくらで買う人がいるかで評価する市況ルールで取引されるのが原則である。その際、定価制度に代わって取引価格の目安として、存在感が大きいのが先物市場である。

②相場＝マネーゲームについて

先物市場というと、以前は、天産品に限定されて適応されてきた。ゴムや油脂類に代表される工業原料は、天候に左右されやすいため、原料を一定の価格で予め手当をしておくことにより、製造者の原料調達のリスクを回避させるというメリットが存在した。

実は、石油化学の発展を支えたのは、価格の安定しない天産品に対して、天候リスクのない石油に代替する技術開発であった。

さらに、現在の先物市場は、先渡し契約のない相場が主流で、実物の取引の何倍もの取引が行われている。先物市場に参加する人は必ずしも調達を目的としていないため、価格が安定しないことが寧ろ好まれる傾向にある。日本では、相場＝マネーゲームが悪いことのように言われることが多いが、国際的にも、国内でも深く浸透し経済ルールの基本になっている。

余談であるが、日本は相場の先進国であったと言われている。日本での相場の歴史は江戸時代の米相場から発展し、紆余曲折の末に享保15（1730）年になって江戸幕府の公認を受け、堂島米会所を開いた。これが先渡し契約のない公認の近代的な商品先物取引のはじまりである。

今や相場＝マネーゲームは、悪いことではなく、標準ルールである。このため、日本でも諸外国にも決して引けを取らないような市場形成が必要である。さらに、単に諸外国が作った相場ルールを踏襲するのではなく、日本独自の市場ルールを逆に世界に広めてリードしていくような努力を惜しんではならない。

3. 2050年戦略への提言

（1）既存エネルギー分野

ここからは、日本の2050年戦略の提言とする。

①化石燃料

・石油

石油については、2050年になってもエネルギーと石油化学原料の太宗を占めることには変わりないが、エネルギーとしての利用は、貨物自動車等、輸送の用途に限定され、数量や割合としては減少すると予想される。

石油は、太古より地球が自然に残してくれた宝物である。一部には、石油が環境を阻害するもののように言われ代替されるべきエネルギーの代表格となっているが、地球に自然に存在するものであり、謂わば「天然物」である。

輸送インフラが整備されている、使い勝手が良い、応用範囲が広い等の特徴があり、そのまま燃料としてエネルギーだけを取り出すのは勿体ないとも言え、昨今の環境問題に照らし合わせると、既存の施設によるエネルギー回収のためだけの使用が現状に合わなくなってきたと考えることもできる。

このため、今後は化学品を代表とする素材分野（衣料、自動車、電気機械、住宅、日用品、包材、容器、製薬等）への利用が割合として増加することになろう。

従って、石油の利用は、国内ではかつての消費地精製方式は減少し、代わって資源国で精製された製品を必要量輸入して、特定分野に特化した技術開発、若しくは、製造ノウハウの連鎖による特殊な加工技術や部品、製品開発が必要である。業務提携により石油会社数はさらに減少し、石油コンビナートは原料からの汎用品の一貫生産ではなく、特殊留分や熱のやり取り等、形を変えて存続することになる。

・天然ガス

ところで、エネルギーの利用の中で、輸送方法やエネルギーインフラの重要性は言を俟たない。輸送に占める、経済性や環境適合性は、エネルギー選択の要諦と言っても過言ではない。

日本には存在しないが、諸外国に存在するエネルギーインフラがある。

それが、天然ガスを国内で需要地に輸送するための国土幹線ガスパイプラインである。

日本以外の諸外国では、国土幹線ガスパイプラインが縦横無尽に張り巡らされている。これは、天然ガスを産出する欧米のみならず、韓国や台湾でも同様である。これに対して日本は、発電用のLNGが主力で、言わば国土幹線パイプラインの代わりに送電線が天然ガスの輸送インフラとなっているとも言えるのではないか。

また、天然ガスの利用形態として、ガスパイプラインのない地域では、需要家がLNGサテライトを建設して低温のLNGをローリーで輸送する方法がとられている。しかし、こと工業用の利用としては十分有効な方法ではない。

国土幹線ガスパイプラインについては、以前より誰が建設するかの議論がなされてきた。新たなインフラ整備であれば、本来は国策に基づき、電力会社やガス会社等が自分たちのコア事業として行うべきものである。しかし、電力会社もガス会社も、現在の地域分断で、逆に広域インフラの整備が自分たちの収益の首を絞めることにもなりかねない状況にあって、エネルギーインフラの二重投資のような考え方が存在した。しかし、昨今の電気、ガスの完全自由化が、国土幹線ガスパイプライン建設が、広域連携のためのキーワードになる可能性が出てきたのではないか。

また、ここに来て諸外国とは異なり、資源会社、ガス会社、電力会社が独自にパイプラインの建設を行い、お互い接続ポイントを設置するという、日本独自の建設スタイルも進んでいる。

② 産業の高度化・効率化、技術開発（革新）：コンビナート統合、エネルギー産業等 ｜ 071

本来天然ガスの有用性を100％活かすには、国土幹線ガスパイプラインの整備が必要で、2050年までには、国土幹線ガスパイプラインのインフラが整っている必要がある。この国土幹線ガスパイプラインの建設こそが、2050年までに日本での天然ガス利用を完結させるカギでもある。

・石炭

　石炭の国内生産は1960年代の5,000万tをピークに現在は約100万tのみとなっており、需給率は国内石炭需要の99.3％は海外に依存ほぼゼロの状態が続いている。以前の国産エネルギーの地位は捨て、現在、日本は世界有数の石炭輸入国である。

　また、先に石炭から石油への転換が図られたとの記載をしたが、**図3-2-2**に示すように、主に安価な発電用の一次エネルギーとしての石炭需要は、1973年の石油換算4万1,600万kℓの15.5％から、2014年の同5万4,700万kℓの24.2％へと、現在でも伸長している。

　石炭も環境を阻害するエネルギーとして、代替需要の指定銘柄のよ

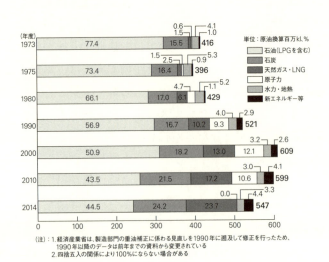

図3-2-2　一次エネルギー供給（総供給）の推移

うな存在であるが、石油と同じように、地球上に自然に存在するものであり、「天然物」である。起源はバイオマスと同じ植物である。

　固体燃料であるが故に、基本的に精製が困難であるために、そのまま燃焼するため、水を含む不純物が多いため、単位重量当たりの発熱量が低かったり、燃焼時に不純物が出たりする。しかし、昨今の技術開発の賜物として、現在の最新の石炭火力発電所は、発電効率も環境対策も以前のイメージとは全く異なる。さらに今後も一定の需要を獲得するためには、多少のコストアップは横へ置き、クリーンコール技術や、燃焼後の排ガスの処理技術に加え、石炭ガス化・燃焼技術開発、バイオマスとの混焼等日本独自の技術開発と実用化が必要である。

(2)「省エネ」について

　省エネとは、同じ仕事量をより少ないエネルギーで得られるようにすることである。

　環境問題の解決には、省エネが最大の効果があり、続いてエネルギーの選択が大切であることは、誰しも認めるところである。現実的には、「我慢」、「質素倹約」や「勿体ない」という個人価値観を含め、「一人ひとりが実行できることをやる」ということが基本だと思う。

　「クールビズ」のような、政治的・社会的要請ももっと起こって良いのではないか。クールビズが日本でこれだけ定着化し、次は、これまた省エネ効果の高いといわれる「サマータイム」の導入かと期待したが、盛り上がる気配はない。いろいろと理由はあろうが、サマータイムは、環境問題には効果的だが、経済発展に寄与しないという考え方の影響が大きいと考える。

　さらに進んで、自動車の小型化等も大きな意味での「省エネ」と言えるのではないか。通常の乗用車は、重量が 1 〜 2t 程度であるが、そこに体重 50 〜 60kg の人が 1 〜 2 名で乗車している。運搬する対象物は、重量にして数％である。同じ目的であれば、車体の重量を軽くしたり、小型の自動車にしたりすれば輸送のための燃料も削減できることになる。さらには、自動車を製造する際の材料やエネルギーも

② 産業の高度化・効率化、技術開発（革新）：コンビナート統合、エネルギー産業等　｜　073

セーブできることになる。

　地球環境問題が、現在は過去の統計データや、北極の氷山が崩壊する映像等センセーショナルな問題として報道され、もはや待ったなしの状況と言われることが多い。

　一方で、環境問題と経済発展のどちらを優先するかに関しても様々な議論がある。資本主義経済のもとでは、経済成長は絶対条件である。一方で、公害、地球温暖化等の環境問題の解決のためには、無駄を省き、我慢を強いて経済成長を止めれば達成可能であるが、経済成長を止めるような価値観の転換は、民主主義の原則に反することになるし、政治・経済の混乱を招くことになる。

　これは、エネルギー政策を含めたすべての判断の元になる価値観であるが、自然現象からの見地では、環境問題が優先することは明らかである。そもそも、地球環境あっての経済発展だからである。

　しかし、これに政治・経済的な観点が絡むと、産業界等からは経済発展を犠牲にして、環境問題を解決することには極めて抵抗が大きい。2050年時点に向けた取り組みが未だに見通せず、決着がついていない可能性がある。

　さらに、環境問題が具現化し、具体的な被害が出るようになると、いきなり環境問題がクローズアップされる可能性がある。もともと一国では解決できる問題ではなく国際的な紛争にまで発展することを危惧する。

(3) バイオマスの熱利用についての問題と対応について

　バイオマスの熱利用については、導入後かなりの時間が経過しており、海外では政治主導のもと導入が進んでいるが、日本国内では未だに実験的要素が大きく、評価が定まっていない。現在、バイオマス発電には、極論を言えば、バイオマスであればゼロエミッション、つまり温暖化ガス（CO_2）が排出しないとのルールがある。さらに、国内でも再生可能エネルギーの固定価格買取制度（FIT）の適応になる強力なアドバンテージが用意されている。

植物は太陽の光を受けて成長することから、見かけ上は完全な再生可能エネルギーである。「究極の再生可能エネルギーはバイオマス」との考え方は根強い。

　しかし、バイオマスは熱利用（燃焼）する以上、制度上はゼロでも、確実にCO_2が発生する。また、植物の生長を促進し、単位土地面積当たりの収穫量を上げようとすれば、大規模な開墾や大量の農薬や肥料が必要になる。このためには、やはり外からエネルギーを加えることが必要になる。

　さらに、ルール上はゼロエミッションであっても、エネルギー資源としては、使用するまでに栽培、伐採、輸送、加工等の工程を経て得られるが、運搬すればやはり間接的にエネルギーを消費することになる。

　自然に育った木を切りすぎれば、CO_2を固定させる原動力である貴重な森林の枯渇に直結する。

　既に、世界に目を向ければ、バイオマスは地域外から輸送する例が多い。図3-2-3は、世界のバイオマスペレットの貿易フローを示

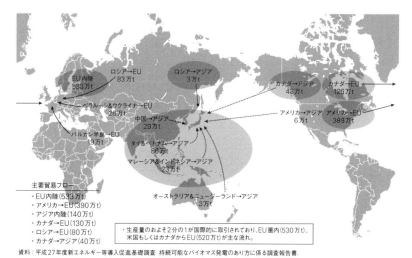

図3-2-3　世界のバイオマスペレット貿易フロー

したものであるが、バイオマス先進国の EU 圏内では、実際は半数の原料を北米からの輸入に頼っているとのデータもある。

バイオマスは、言わば資本主義経済において経済成長を促進させ、人類の生活満足度を向上させたうえで、全体のエネルギー可能な限り抑えるための、大きな実験と考えることができると思う。

現在は、国内でもバイオマス政策を推進しているが、これには循環型社会の形成や廃棄物利用等、単にエネルギー問題だけにとどまらず、先の省エネ技術や生活様式、地域特性等を考慮した合理性に導入意義を見出すべきである。

(4) 新たな価値観について

さらに提言を進める。ここでは視点を変え、政治・経済面から日本の 2050 年戦略の提言とする。

①変動電源 (VRE：Variable Renewable Energy) の利用について

本項の最初に記載したように、かつて、工業化以前の日本の主要なエネルギー源は、今で言う再生可能エネルギーが主体であった。

それでは、昔と今とはどこが違うかと言えば、それは価値観と生活パターンである。人類はエネルギー選択は、戦災や東日本大震災等の大きな災害を契機に自分たちの価値観や生活パターンを変化させてきたと言えないであろうか。

再生可能エネルギーのカテゴリーの中で、燃焼を伴わず、自然現象を直接発電のエネルギー源とする太陽光発電や風力等の VRE は、CO_2 対策として有効である。このため VRE の普及のためには、省エネ気運の高まりや、価値観、生活パターンの変更が必要である。太陽光は夏場の冷房需要に対するピークカットの有効であるし、風力も風力地帯での町おこし等地産地消とセットで考えれば、単なる発電能力以上にインパクトがある。

しかし、VRE を現代の価値観や生活パターンに合わせて、需要地へ長距離送電をしたり、電気を蓄えたりすることを考えると、その時点で効率が低下し、導入意義が薄れる。再生可能エネルギー導入のカ

ギは、バイオマスと同様、省エネとセットで、価値観や生活パターンの見直しと合わせた導入が必要である。

②住民合意の重要性

民主主義の発展で、住民パワーは無視できないところまできている。また、昨今の規制緩和で、地域を問わない一律の規制から、住民合意を得て規制を緩和する措置がとられている。

また、以前は限られた専門家だけでデータや情報を得て、結論のみを公開してきたが、2050年に向けては、得られた情報は基本的に公開するべきである。

原子力の活用等は、これまでの非公開体制が残っているため、既に住民からは冷静な議論ができない感情的な対立のようなところまできている。

問題点として、住民合意の最終的な目標は、地域住民が全員賛成するということになる。しかし、地域住民の地域はどこまでを指すか、合意とはどういう状態か、特に理由もない反対者はどのように対処するか等、住民合意自体の定義や検討も十分されていない。また、最近よくある第三者委員会も、主義主張が異なる中で、どの委員を選定するか等、問題が多い。

これには、行政が主催して住民説明会や、様々な検討会、研究会を開催して問題点を明確にし、その意見に対する解決策を検討した後、再度説明会を開催し、反対意見を持っていた人でも「ある程度は納得できる」という状態を作り上げる以外にはないと思う。その際、第三者委員会も重要であるが、その中には、賛成者、反対者と一般市民により公平な構成員とする必要がある。結局、このようなオーソドックスな方法しか解決方法はないのではないだろうか。

2050年までには、住民合意の重要性を認識し、規制に変わる新しい判断手段として活用できる状態になっていてほしい。

③マスコミの重要性

世界の価値観が多様化し、一方でエネルギー産業が複雑化する中で、

一般市民にわかりやすく情報を伝える役割を持つマスコミの意義は本来ますます重要になってくるはずである。

情報公開と合わせ、様々な問題を広く知らせるのはマスコミの役割である。中立性や事実をそのまま伝える広報は必要だが、マスコミ本来の意義であるポリシーの部分の伝達も必要である。さらに重要なのは、そもそもエネルギー産業自体に一般市民の興味を引き付けることである。

2050年に向け、技術開発や政治・経済的な面で、エネルギー産業が正常の方向に向いていくためにも、世代間の媒体の進化等にも十分対応できる進化したマスコミの果たすべき課題は大きい。

④専門性の向上とルールづくりの重要性

価値観が多様化し、エネルギー分野でも専門性が高くなり、複雑化している。まず、現実と向き合い、深く広い見識を持つことが必要である。そのための教育の重要性は言うまでもない。

エネルギーに関わる専門家は、自己の主張にのみ固執するのではなく、広く反対意見も取り入れることが必要である。また、単に技術開発の知識だけではなく、政治・経済・人文科学等幅広い知識の習得が必要である。このための教育の重要性として、エネルギー専門講座の開設等の必要性は今更言うまでもない。

また、実際に実験や実証をして、現実データでの主義主張の変更も認めていき、例えば、実証の結果、間違いや失敗であっても、これを成果として認めていく寛容性も必要である。

一方、専門的な判断を第三者的にする評論家や専門家に加え、最終的な利害調整やルールづくりを実施する政治家、官僚にも、生きた情報提供や現場を知ってもらう機会を増やすことも必要である。

さらに、再生可能エネルギー分野で多いのは、海外政府、海外のエネルギー会社が最初に提言を行い、日本はその後追いが多かったのではないか。後追いはそれで仕方ない面はあるが、本来はルールづくりのところを担う者が、先行者メリットを享受するのが通例である。し

かし、今後は日本の独自ルールをモデル実証にまで仕上げ、それを海外に展開することも 2050 年までの提言として加えたい。

　2050 年に向けて、対応すべき課題は多い。

各論③　AI（人工知能）の活用

1.　AIとシンギュラリティ

　2010年代に人工知能の研究は大きな進歩を遂げた。2011年にはIBMのワトソン（Watson）が米国のクイズ番組「Jeopardy!」で人間のチャンピオンに勝利した。このワトソンは自然言語処理と機械学習を使用し、電子メールやテキストファイル等の文書や、画像、動画といった、これまでのコンピュータ・データベースで認識、分類、分析できるようにされていない大量のデータ（非構造化データ）から洞察を明らかにするプラットフォームとしてビジネスに活用されはじめている。また、2016年にはディープラーニング（Deep Learning：深層学習）を用いたGoogleのAlphaGo（アルファ碁）が世界トップクラスの棋士との対局で勝利し、AIが世界に広く認知されるようになった。

　人工知能の定義は様々で定まったものはないが「人間の知能そのものを持つ機械」を作ろうとする立場と、「人間が知能を使ってすることを機械が行う」立場があると人工知能学会では論じている。前者を"強いAI"、後者を"弱いAI"と呼ぶこともある。2005年9月に刊行されたレイ・カーツワイル著「The Singularity is Near；When Humans Transcend Biology（邦題：ポスト・ヒューマン誕生）」では、2050年頃には人間の知能を超えるAIが出現し社会構造が大きく変わる境目＝シンギュラリティ（技術的特異点）を迎えると予想した。

　コンピュータはこれまで"ムーアの法則"が示しているように指数関数的に性能向上と小型化、省電力化が進んでいる。このままいけば、コンピュータは2025年頃に人間の一人の脳をシミュレートできる性能を実現できると予測されている（図3-3-1参照）。

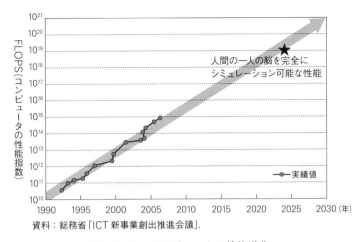

図3-3-1　コンピュータの性能進化

　現在のシリコン型集積回路の技術では物理的に小型化や省電力化の限界が来ると考えられていたが、これまでの概念と異なる光子や量子コンピュータ等の研究から少しずつ可能性が見えはじめている。また人間の脳を模したコンピュータハードウエアの研究もAIの研究と併せてはじまっている。カーツワイルは著書の中で、2040年代の中盤にはコンピューティングの進歩によって1年間に創出されるAI知能は今日の人間のすべての知能の10億倍も強力になり、抜本的な変化が起きるシンギュラリティが来ると予想した。現在では、2045年頃には機械が人間の知能を超えると考えている研究者は少なくない。

2. AIの進化

　現在、世の中には様々な機能に特化した特化型のAIが実用化され、活用されはじめている。今や我々の生活の中にはインターネットの検索エンジンやスマートフォンの音声応答、あるいはロボット掃除機等身近なところにAIが使われている。

AIの研究の歴史は古く1956年に米国のダートマス大学で研究者を集めて開催されたダートマス会議がはじまりとされており"Artificial Intelligence = AI"という言葉もここで提案された。この当時、コンピュータによる推論や探索が可能となり特定の問題に対して答えを出すことができるようになったが、それでも単純な仮説の問題を解くレベルだった。1980年代に入るとコンピュータが様々な情報をもとに推論することができるようになったことから、専門分野の知識をもとに推論するエキスパートシステムが誕生した。日本でも政府主導の第5世代コンピュータの研究が進められた。しかし、大量のデータをコンピュータが扱うためには、コンピュータが読み込めるように人の記述が必要で膨大な作業となり、実際の活用には至らなかった（図3-3-2参照）。

資料：各種参考資料より筆者作成．

図3-3-2　人工知能研究の歴史

　2000年代に入るとビッグデータからAI自身が知識を獲得する機械学習が実用化されて研究は大きく進んだ。IBMのワトソンは多くの分野で既にビジネス化を進めており、日本では銀行のコールセンターの応答支援や生命保険会社の保険金支払い審査等に活用されはじめている。また、2015年には東京大学医科学研究所と共同でゲノム

解析による新たながん研究を開始し、ワトソンに2,000万件以上の生命科学の論文と1,500万件以上の薬剤関連の情報を学習させることで、がん患者の発病に関わる遺伝子や治療薬の候補を提示させる臨床研究を行っている。2016年8月、ワトソンは専門医師でも診断の難しい白血病患者の特殊なタイプの遺伝子を10分で見つけて患者の治療に役立てたと報じられている。

　2006年頃に概念が作られたディープラーニングは、人間が視点を指示して大量のデータから法則性やルールを見出すという機械学習に対して、コンピュータが自ら大量のデータの中から特徴を見出し表現するという画期的なものである。これらのAI技術が生まれたことによって、従来のエキスパートシステム等データの処理の問題から進展がなかった研究が一気に加速した。ディープラーニングは人間や動物の脳のニューロンと呼ばれる神経細胞の発火現象に着目して仕組みを模したニューラルネットワークの技術を用いているが、近年のコンピュータの性能向上と相まって使えるようになってきた（図3-3-3参照）。

　この分野はアメリカのIT企業GoogleやApple、Microsoft、FacebookやAmazon等が先行して研究を進め、マーケティングや音声アシスタント等で既に実用化されている。GoogleのAlphaGoは膨大な棋譜の学習からはじめ、その後、AlphaGo同士の数千回の対戦を通じた強化学習によって勝率を高め、プロ棋士に勝利する能力を獲得した。

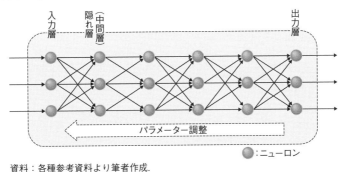

資料：各種参考資料より筆者作成.

図3-3-3　ニューラルネットワークの概念

これらに触発された様々な企業が AI の活用をはじめており、お客様相談の分析と質問への回答ツールや、保険の審査、あるいは新聞記事の自動生成等にも対象が広がりつつあり、AI は第 3 次ブームの様相を呈している。ディープラーニングは音声認識や画像認識での実用化が最も進んでおり、自動運転車への応用や自然言語の処理に関する研究も行われている。2012 年には Google が自動運転車の公道走行実験を開始した。

　これまでの研究によって実用化されつつある AI は "弱い AI" の範疇を超えていないが、"強い AI" を目指して研究を進める動きもある。現在の AI は特定の目的に特化したもので、例えば AlphaGo は碁に圧倒的に強くても、よりやさしいチェスや将棋はできない。また予測できないことが起きたときの対処や一般的な問題解決等は不得意である。ある目的に対しては上手に実行することはできるが、人や動物の知能のように様々な状況に柔軟に対応することができない。そこで考えられているのが汎用人工知能（Artificial General Intelligence ＝ AGI）と呼ばれるもので、人間のように充分広い適用範囲と強力な一般化能力を持つ人工知能を作ろうとする動きである。その実現に向けては、これまでの延長上で能力を一つずつ加えていくアプローチと、それとは異なり、人の脳の構造や動作原理を調べてコンピュータ上で再現するアプローチがあると言われている。これらの研究ではどちらのアプローチもまだまだ多くの課題があり、実現の時期についても見えていない。また脳科学者の中には AI が人間の知性を持つことはできないとする意見もある。

3. ロボットの進化

　AI と共に将来大きな影響を与えるものにロボット技術がある。現在のロボットは従来型の制御理論によって動かされているが、最近では機械学習やディープラーニング等の AI 技術を用いたものも登場し

ている。ロボットは 1960 年代に産業用として導入され改良が重ねられてきたが、1990 年代に入ると自律型のロボット研究が盛んになり主に軍事用で研究が進んだ。1996 年には自律型 2 足歩行ロボットが世界で初めて本田技研工業（ホンダ）から発表され、大きな話題となった。これ以降、ロボットの研究は大きく加速する。筑波大学発のベンチャー企業では、人の脳から筋肉に送られた生体電位信号を検出してアクチエーターを駆動することで人の動作を支援するサイボーグ型ロボットを開発し、一部で既に事業化を進めている。また、重作業支援用ロボット装置に留まらず、患者の自立支援用や学習効果を活かした機能改善用として医療分野にも取り組んでいる。

　2000 年代に入ると AI 技術の高度化とコンピュータ、アクチエーター、バッテリー等の技術革新も相まって自律型ロボットの研究がさらに加速された。無人兵器の開発はイラク戦争を契機に各国が取り組みはじめた。一方、2011 年の福島第一原子力発電所の事故を教訓に、人間が作業できない環境での自律型ロボットを研究する動きが生まれた。DARPA（米国国防総省国防高等研究計画局）は過酷な災害現場で人間の代わりに活動できるロボットを開発する競技会「ロボテックス・チャレンジ」を 2013 年に予選、2015 年に決勝を開催した。人間の部分的な指示はあるものの、決勝ではクルマを運転して現場に向かい建物のドア開けてバルブを閉める等の 8 課題にチャレンジし、数チームが規定された時間内にクリアーしている。

　今後 AI の研究が進むと様々な状況に応じて的確な判断をもとに行動する自律型ロボットが完成すると考えられている。ソフトバンクが開発した Pepper はクラウドに AI を置いて大量のデータのやり取りから人間の感情を認識するコミュニケーションロボットとして既に家庭や企業で使われはじめている。Pepper の画像認識にはディープラーニングが用いられた。また IBM と共同でワトソンを用いて言語の理解を高める等、高度化により銀行窓口での案内を行うといった実証研究も進められている。これらは産業用ロボットのような人を支援

するものから、人の機能を代替するものへと変化しており、将来、様々な場面で人の代わりにロボットが使われるようになると考えられている。

4. AIやロボット等がもたらすインパクト

AIやロボットの実用化が進むにつれて、様々な分野への応用が広がることが予測されている。2015年に発表された野村総合研究所と英国オックスフォード大学の共同研究では、10年から20年後に日本の労働人口の49％はロボットやAIによって代替される可能性が高いと推計している。代替される可能性が高い職業は、一般的な事務職、工場で働く組立工やオペレーター、作業員等特別の知識・スキルが求められない職業、データの分析や秩序的・体系的操作が求められる職業であり、一方、芸術等の抽象性の高い知識が必要なデザイナー等と人との関係が必要な医師や教師等の職業は代替が難しいとされている。機械と人の役割変化が起きることに伴って、社会的にはこれまでの専門性を持った職業から新たな専門分野への転換が求められることになり、教育制度を含む社会のあり方にも影響を及ぼすと考えられる。

またAIは情報化社会において今後さらに重要な役割を果たすことになる。インターネットは今や我々の生活に定着していて、スマートフォンの普及と共にそれはポケットの中にも入るものになってきた。インターネットにあらゆるものを接続するIoT（Internet of Things）は、そこから得られる膨大なデータを分析して様々なフィードバックを行うことや新たな価値を生みだすことが期待されており、それにAIを活用して新たなシステムを作る動きも加速している。ドイツが中心になって研究が進んでいる"Industry4.0"は、IoTとAIを用いて、これまでの同一製品を大量に作り出す大量生産方式から、効率的なマスカスタマイゼーションを実現する新しいシステムと機械を生み

出すことを目指している。日本でも新産業構造ビジョンが検討されているが、その中ではIoT、ビッグデータ、AIがもたらす変革はものづくり分野に留まらず、医療分野、製薬、金融、マーケティング、エネルギー管理、交通システム等の社会構造も変える第4次産業革命に繋がるとしている。また、インターネット上の仮想通貨の基本となる改ざんが極めて困難なブロックチェーンと呼ばれる革新的な技術が生み出され、金融取引や資産管理、公共サービス等への応用がはじまって、さらに様々な分野への活用が期待されている。インターネットは今後ますます社会システムとして不可欠なものに発展していくと考えられている。

　AIの進歩で言語のリアルタイムな完全翻訳も近い将来実現ができると言われており、これまで日本の大きなハンディになっていた言語の壁が取り払われる日も近い。世界の知と瞬時に繋がることができるインターネットの力を大いに活用し、同じ土俵で新たなビジネスを生み出すことができるようになると考えられる。

　一方、コンピュータの進歩によって、1990年には13年かかると予測されていたヒトゲノムの解析は、現在では1日で解析できるまでになった。ゲノム解析の時間が短縮したことで個々人の特徴に合わせた治療や予防を行うオーダーメイド医療を目指す研究も進んでいる。このゲノムデータとAIを用いた生物機能の理解も進み、デザイン通りに生物機能を発現するゲノム編集技術も登場した。しかし米国では遺伝子情報をもとに健康保険の審査が行われ、また一部で病気の発現確率から就学や就職を拒否する事態が起こり社会問題となったために遺伝子情報差別禁止法が2008年に成立している。日本では2015年に個人情報保護法が改正されているが、あくまで個人情報の保護で保険会社の審査に用いることが可能であるためにその実施を考えている会社もある。技術の進歩は様々な利益をもたらす一方で新たな社会的課題も生み出している。

　これまでのようなコンピュータの性能や能力の向上が続けば人間の

③ AI（人工知能）の活用 ｜ 087

脳を補完する機械の実現も考えられる。既に脳からの信号を捉えてロボットスーツを動かすことやパソコンを操作する実証研究が進んでいる。また中国ではラットの脳とコンピュータを繋げた迷路実験も行われていて、脳の働きを人工的に補完することを目指す動きもあり、病気や老化等で欠損した能力を回復することも期待される。一方で iPS 細胞を用いた再生医療も研究が進んでおり、人の健康な生活を支援する様々なアプローチの一つと考えられる。

将来 AGI の研究によって人間の知能を超える機械が完成し AI が人間の能力以上の存在になった場合、AI は自己の再生産と進化を試みることも想像されており、急速に人間の手に負えないものになってしまうことも考えられる。このような時代を想定して AI の研究にある種の倫理を持つことも今後必要である。2017 年 2 月に日本の人工知能学会は研究者に向けた倫理指針を発表している。なお、この命題については SF 作家のアイザック・アシモフが 1950 年に発表した小説の中で "ロボット三原則" として示したのが初めてである。

5. 日本の課題と活用に向けて

(1) 日本の AI 研究の現状と課題

現在、日本の AI 研究は後れを取りはじめている。2005 年以降 2014 年までに主要国で AI 関連の特許が 6 万件出願されており、特に 2011 年以降は大幅に出願件数が増加している。2005 年〜 2009 年と 2010 年〜 2014 年の累積件数の比較では、日本は 3％減となったが、中国は 2.9 倍で件数も日本の 4 倍と大きく伸ばしている。1 位は依然として米国で、件数では中国の 1.8 倍となっている。また米国の中では IBM が突出して多く、2005 年〜 2014 年の間に 1 社で日本の 1.5 倍にあたる約 3,000 件を出願し、続いて Microsoft、Google の順となっている。

中国の躍進の原動力は国家プロジェクトに参加した大学や研究機関

によるものである。特に機械学習やディープラーニングには質の良い大量のデータ（いわゆるビッグデータ）が必要であるが、中国は政府主導でデータを集めて人の手で前処理を施すことで質を向上し精度の高いビッグデータを集め、それを用いた数多くの論文が発表されている。米国の Google はネット検索や電話番号案内、写真管理ソフト等の無償化により大量のデータを手に入れて音声認識や画像認識の精度を高めた。Amazon や他の IT 企業でも同様のことが行われている。

一方、日本は企業や研究機関、大学等の連携が乏しく、大量のデータを集めることが難しい。その結果が米中と差が大きく開いた一因ではないかと考える研究者もいる。また、ディープラーニング研究の第一線にいる研究者は世界で 100 人程度と言われているが、日本には 1980 年代の第 5 世代コンピュータの開発を経験したメンバー等の優れた研究者が多くおり、世界で勝負するにはその能力の結集が必要だとの意見がある。

AI のハードウエアについては画像処理装置（GPU）がディープラーニングに必要なニューラルネットワーク神経回路網型の演算装置に応用できるために、そのトップメーカーの米 NVIDIA 社のディープラーニング用 GPU が広く用いられている。現在、ディープラーニング等に最適な AI チップ開発は Google や Intel、IBM 等が参入して競争が激しくなりつつある。日本のメーカーも富士通等で研究が行われているが製品化には至っていない。

(2) AI やロボットの活用

日本は先進国で最も早く急速な少子高齢化時代を迎え、2050 年前後には人口全体に占める生産年齢人口の割合は 50％程度、高齢者の割合は 40％に及ぶと推計されており、総人口の減少と共に急速に進む生産年齢人口の減少は大きなリスクとなっている。国立社会保障・人口問題研究所の 2011 年の推計によれば、日本の総人口は 2010 年の 1 億 2,805 万人から 2050 年には 9,707 万人と 3,098 万人減少する。20 歳から 64 歳の生産年齢人口は 7,564 万人から 2050 年には 4,643

万人と大きく減少し、一方、65歳以上の高齢者の人口は2,948万人から3,717万人に増加する。生産年齢人口の急激な減少は経済活動を弱め、また高齢者1人を1.2人の生産年齢人口が支えるような社会を維持するためには多くの社会保障費を必要とする等、これまでのような政策には限界があり、新たな制度や技術による社会変革が必要になる。AIやロボットが、人間の行ってきた多くの作業を代替できれば、人間は必要な仕事に集中することも可能であり、またAIやロボットに関する仕事も増えることが予想される。またAIやロボットの技術進化によって、高齢化に伴う様々な能力の低下を補うような外部AIとの協調や作業をサポートするロボット等の開発が進めば、人間は高齢になっても充分に働ける可能性がある。さらに、バイオテクノロジーや再生医療の進歩は人間が健康を維持する上で大きな可能性を秘めており、これらと相まって人口減少社会を豊かなものに変えることができると考えられる。

6. 2050年に向けて

AIはこれからの社会に変革をもたらす様々な可能性を持っている。多くの職業がAIとロボットに代替できる社会では、人々の変化も必要になってくる。これまでの仕事が失われ、新たな仕事に就かざるを得ない人々も生まれる一方で新しい分野に携わる人々も求められるようになる。今後、社会的なアンマッチが起きないように教育制度の見直しも必要になるときがくる。2020年度からは小学校でもプログラミングの教育が必修化されてくるが、その基本となる論理的思考等を養うことも大事である。またAIやロボットに置き換え可能な仕事に通じる暗記型教育から、人にしかできないことを重視する創造型教育への転換が必要と思われる。

当面のAI研究の遅れの要因となっているビッグデータの扱いについて、日本は2012年に政府の高度情報通信ネットワーク社会推進戦

略本部において電子行政オープンデータ戦略が策定され、府省が保有するデータのオープンデータ公開に向けた作業が行われたが、公開が進んでいる状況にはない。企業においてもデータはビジネス上の資産でもあり内部に留まりオープンな活用が進んでいない。ビッグデータの扱いについては個人情報保護法との整合もあり活用が難しい一面もあったが、2016年の改正で匿名加工情報を2017年度から利用できるようになった。AIの活用に必要なビッグデータをどう集めるかはビジネスの兼ね合いもあり難しい部分もあるが、公共的なオープンデータベースについては早急に実現することが望まれる。

　我が国のAIの研究については2016年に人工知能戦略会議が政府内に発足し、研究のロードマップを策定することがはじまったが、研究を所管する総務省、文部科学省、経済産業省の連携がうまく進むのかは懸念が多い。先端的な研究には多額の投資と共に優れた研究者の能力を充分に発揮することが求められることから、今後、研究の環境を整え、戦略的で実行力を伴った強力な推進体制が必要だと思われる。一方で、ディープラーニング以降のAI技術についても挑戦的に失敗を覚悟で様々な可能性を探索することがイノベーションを起こすためには必要であり、それを受け入れる社会意識の変革も求められる。

　さらにAI等の先進技術を用いたビジネスを日本でも速やかに立ち上げるためにはその普及の妨げとなる規制を見直していくことも必要である。現在、ドローンや自動運転等がその対象になっているが今後の研究動向に合わせて速やかに検討することが必要である。またベンチャー企業を支える資金的なメカニズムも投融資規模で言えば日本は米国の約30分の1と極めて小さく、ベンチャーファンドが銀行や証券、保険等の資金で成り立っていることからそれ自体のあり方も含めて考える必要がある。

　社会構造が大きく変化せざるを得なくなるシンギュラリティの未来に向けては、我々はそれをどのように受け止め考えるかが重要である。遠い将来にAIが人間の能力を超えて自ら次世代のAIを生み出すよ

うになると、AIは彼らの独自の世界観を持つようになると考える研究者もいる。社会のシステムがAIで動くようになり生産やエネルギーやインターネットを通じて情報がVR（仮想現実）で世界を駆け巡り、ほとんどの分野にAIが関わる社会では、そのときに人間はどうなるのかは不透明である。自律型兵器が最終的に決定権をAIに委ねることの是非が問われているように、我々はAIにどこまでを委ねるか議論をしておく必要がある。

　日本は先進国の中で最も早く少子高齢社会を迎えており、その一つの解としてAIやロボット等の技術が社会を支えることで、豊かな未来を手に入れることができれば世界のモデルとして新たな存在感を示すことができるだろう。しかしそのためには、我々は社会構造の変革を見据えて、それに向かって改革を進めることが必要である。

参考文献

1) ポスト・ヒューマン誕生，レイ・カーツワイル著，NHK出版，2007年1月.
2) 日本の将来人口推計，国立社会保障・人口問題研究所，2012年1月.
3) 汎用人工知能の研究動向，荒川直哉他，人工知能学会第28回全国大会，2014年11月.
4) AIネットワーク化の影響とリスク，AIネットワーク化検討会議，2016年6月.
5) 「情報通信白書」，平成28年度，総務省，2016年7月.
6) ディープラーニングによる人工知能の進化とインパクト　野村総合研究所2016年2月.
7) 国産ロボット発達の技術系統に関する調査，（社）日本ロボット工業会，2003年12月.
8) 野村総合研究所ニュースリリース，2015年12月.
9) ビジュアルデータAI特許6万件を解剖，日本経済新聞社，WEB刊，2017年2月.
10) 人工知能の研究開発目標と産業化のロードマップの検討状況（中間まとめ案）人工知能戦略会議第4回資料，2017年1月.
11) 人工知能学会倫理指針，人工知能学会倫理委員会，2017年2月.
12) 「人工知能と人間社会に関する懇談会」報告書，内閣府，2017年3月.

各論④ 小型自動車（乗用車等）について

1. クルマを取り巻く環境

　クルマは今や世界で約 12 億台、うち乗用車は 9 億台が使われており、先進国では 1.2 〜 1.7 人に 1 台のクルマを持つという状況になっている（2014 年時点）。また近年、中国をはじめとする新興国でクルマの需要は急速に拡大しており、中国は 2016 年には 2,800 万台のクルマが販売された。クルマは交通システムとして自由に好きなときに好きな場所へ移動できるという特性から利便性が高く経済の発展にも大きく寄与したが、一方で交通渋滞や事故、あるいは大気汚染といった問題も起きてきた。その多くは技術的努力やまた政策的な手法によって大きく減少したが、まだ完全な解決には至っていない。特に新興国ではクルマの急速な普及に道路等の社会インフラが整わず、また制度的な面でも課題があり、事故や大気汚染が深刻な問題となっている。

　クルマからの排気ガスによる大気汚染の問題は、1960 年代末から米国等で大きな社会問題になり、エンジンの改良や触媒等の後処理装置等で大幅な改善がなされてきた。また 1990 年に米カリフォルニア州で大気汚染物質を排出しないゼロエミッション車の販売を主要メーカーに義務付ける ZEV（Zero Emission Vehicle）規制が制定されて、走行中に排気ガスを全く出さない究極の動力としてバッテリーを搭載した EV（電気自動車）や燃料電池を搭載した FCV（燃料電池自動車）の研究と実用化がはじまった。

　1992 年の環境と開発に関する国際連合会議（地球サミット）で採択された気候変動枠組条約は、地球温暖化を抑制するために温室効果ガ

スの濃度を安定化させ将来の気候を保全することを目的としており、日本は 1993 年に批准した。日本では人の活動から排出される二酸化炭素の約 15％をクルマが占めている。クルマからの二酸化炭素排出量は、燃費改善や交通流の円滑化、あるいはモーダルシフト等の対策が行われて 2001 年をピークに減少傾向にある。一方 EV や FCV も実用化されはじめており今後の普及が期待されている。米カリフォルニア州では 2018 年以降の ZEV 規制を見直して EV 等の普及促進を図っており他州にも導入されつつある。その一方、米国では近年シェールオイルが事業化され、燃料価格の低下によって燃費の良いハイブリッド車の販売が低迷している。また 2017 年に発足した米新政権は温暖化政策を見直すとしており、その動向が注目されている。

　一方、交通事故の問題はクルマの大きな課題であり、死者ゼロを目指して研究が進んできた。1970 年代に米国ではじまった ESV（安全実験車）の研究は、その後、エアバックの実用化等で交通事故死者の削減に大きな役割を果たした。また日本では同時期に ITS（Intelligent Transport Systems：高度道路交通システム）の研究がはじまっている。1989 年からは AHS（Advanced Cruise-Assist Highway Systems：走行支援道路システム）の研究がはじまり、高速道路での自動運転実証実験が 1995 年に行われている。また 1991 年にはじまった ASV（Advanced Safety Vehicles：先進安全自動車）研究は新しい安全装置を開発するきっかけとなった。1999 年には前車追従走行を可能とする ACC（Adaptive Cruise Control）、2002 年には白線を検知してハンドル操作をアシストする LKAS（Lane Keeping Asist System）が、2003 年にはドライバーの操作が遅れたときに自動的にブレーキをかけて衝突被害を軽減する CMBS（Collision Mitigation Brake System）が世界で初めて実用化された。特に CMBS は通称自動ブレーキと呼ばれて普及しはじめている。

　米国では同様に ITS や NAHSC（National Automated Highway System Consortium：米国自動走行システム組合）等が進められてきた。

094 ｜ 第 3 章 各 論

DARPA（米国国防総省国防高等研究計画局）による自律型無人運転自動車の研究プログラムが 2004 年、2005 年 Ground Challenge と 2007 年 Urban Challenge として行われ、その可能性を示した。これをきっかけに自動運転車を巡って、IT 企業の Google 等と共に日米独の自動車メーカーが開発にしのぎを削ることになった。

　1990 年代末には GPS による位置情報の活用がナビで一般化し、また携帯電話に見られる高速無線通信技術が広く実用化されはじめてクルマとインターネットを結んだ新たなサービスもはじまっている。多くのクルマからもたらされるリアルタイムな位置情報から道路状況を把握して最適な経路案内をするプローブカーシステムをホンダが世界で初めて実用化し、現在は様々なメーカーが同様のシステムを運用している。東日本大震災ではこのデータから走行可能な道路を分析して、インターネットで公開して救援活動の大きな支援となった。これ以降、多くの事業者が独自に集めたビッグデータの活用が研究されはじめている。クルマとインターネットが繋がることにより、新たなクルマの価値を生み出そうとするコネクテッドカーの実用化の動きが生まれている。

2. 日本の自動車産業を取り巻く課題

　自動車は基幹産業として日本の経済をけん引してきたが、今や日本の市場は若者のクルマ離れが象徴するように都市部ではクルマの保有にコストがかかり、一方で地方の足としては地方での人口減少が続いており、日本全体の販売台数は減少傾向にある。

　また、日本メーカーは 2015 年に国内で約 930 万台の自動車を生産して約 500 万台を国内で販売し、残りが輸出されたが、海外ではさらに 1,800 万台を生産しグローバル化が加速している。今、米国新政権をはじめとして自由貿易から保護主義的な動きがあるなかで、今後、これまでの国内生産量を維持することは難しい課題となってい

④ 小型自動車（乗用車等）について ｜ 095

る。

　日本の競争力を支えてきた生産システムは、1990年にマサチューセッツ工科大学の研究プログラムによって「リーン生産」システムとして世界に紹介された。また1991年にはハーバードビジネススクールの研究が日本の開発のシステムについてその優位性を明らかにし、その後、多くの世界の企業が日本の生産や開発のシステムの利点を自社に取り入れるきっかけになった。近年、グローバル化や規模の拡大が進むにつれて、開発や生産投資が飛躍的に大きくなり、新たなクルマづくりを模索する動きが出てきている。ドイツのフォルクスワーゲン社はモジュール化に基づく商品開発を進めている。同様の取り組みはトヨタ自動車やルノー・日産自動車等でも少しずつ異なる形だが進められている。またドイツ政府を中心に、IoTとAIを活用して効率的でフレキシブルな生産を可能とする新たなシステムを開発して、マスカスタマイズ生産を実現するIndustry4.0と呼ばれる生産方式の研究もはじまっている。日本では次世代生産方式について個別の企業が様々な研究をしているが、まだ大きな方向性は定まっていない。

　これまで日本メーカーの強みであった信頼性や品質についても、米国の品質調査では他国との差が縮まっている。技術面では燃費や排気ガス対策、あるいはハイブリッド等で世界をリードし、EVやFCVの実用化でも世界に先駆けてきた。しかし、EVは2013年では日本メーカーのシェアが世界全体の5割を占めていたが、中国のEV優遇政策による現地企業の増加や米国の優遇策等で世界シェアを落としている。また一方、米国のベンチャー企業テスラモーターの高級EVの成功、米カリフォルニア州のZEV規制見直しに加えて、欧州のCO_2規制強化やフォルクスワーゲンのディーゼル排ガス不正問題に端を発したドイツメーカーのEV、PHEV（プラグインハイブリッド車）への戦略転換等で欧米各国でもEV商品投入は拡大しており、日本メーカーの相対的な地位低下が起きている。また中国がEVの数で3分の1を占めるようになっており政策の動向も無視できない。

さらにクルマの先進安全技術の開発でも、日本は CMBS や LKAS 等の実用化で世界に先駆けたが、前述のように Google の無人運転車の研究に触発されて世界は一気に自動運転車開発の競争を開始した。特に自動運転技術を支える AI の研究では米国が先行しており、日本メーカーも AI 研究を加速するために組織を強化している。トヨタは 2016 年元 DARPA のプログラムマネージャーをリーダーとする AI 研究の新会社を米国に設立し、一方、日産は米国のマサチューセッツ工科大学等主要大学や NASA（米国航空宇宙局）等との共同研究を進めている。ホンダは 2017 年に研究者との連携を図るための AI 研究拠点を東京に設立し、スタンフォード大学の AI 研究の第一人者を顧問に招いた。また Google から分社した自動運転車開発部門 Waymo との共同研究について検討をはじめている。

　日本の少子高齢化の進展は交通においても地方の生活上の大きなリスクになると考えられる。これまで日本では乗用車等の普及が進むにつれて公共交通機関が徐々に淘汰されていった。特に地方においてはバス路線が廃止されていく等で一層クルマの普及が進み、2015 年時点でのクルマの保有台数は福井県で 100 世帯当たり 175.2 台、市町村単位で見れば 287 台という村もある。ちなみに公共交通機関の発達している東京は日本で最も少ない 100 世帯当たり 45.6 台と日本の平均 106.9 台の半分以下であり、地方の交通手段がいかに車に依存しているかということがわかる。高齢化が進む地方の 65 歳以上の人の割合は地方で 30％前後と高く、さらに高齢化が進む 2040 年には 40％程度になると推計されており、交通格差による日常生活への影響が懸念される。そのためにも自動運転やコネクテッドカーの実用化への期待が高まっている。その実現の大きなカギは技術的な課題のブレークスルーと社会的な受容性、コストのミニマム化にかかっている。

④ 小型自動車（乗用車等）について ｜ 097

3. EV、PHEV、FCV等の現状と将来への課題

EV や FCV、あるいは PHEV 等の電動化車両は大気汚染や地球温暖化対策として、またエネルギーセキュリティの観点から各国で規制や補助金等を通じてその普及の取り組みが行われている。IEA（国際エネルギー機関）が 2016 年に発表した ETP（Energy Technology Perspectives）2016 によれば、2050 年までに気温上昇を 2℃ に抑制するシナリオでは大半のクルマは EV や PHEV あるいはハイブリッドのような電動化が必要だという結論であった。特に EV や PHEV は 2050 年までに全世界の保有の 40％ を占めるまでに普及する必要があるとなっている。2016 年に中国は EV や PHEV の普及拡大を図るために、メーカーに一定比率の販売を義務付ける新エネルギー車（NEV）規制を公表し、その後 2019 年からの目標が決定した。それを受けてフォルクスワーゲンやトヨタ等主要メーカーが中国での EV 生産を行うとしている。また 2017 年 7 月にはフランス、イギリスが相次いで 2040 年までにガソリン・ディーゼル車の販売を禁止すると発表した。EV の普及促進は大気汚染や地球温暖化対策のみならず産業やエネルギー安全保障にも関わる各国政府の重要な政策となりつつある。

PHEV を含めた EV の販売は拡大しつつあり 2015 年に全世界で 55 万台を超えたが、まだ大きな市場を形成するに至っていない。これらの普及を妨げている大きな要因は、米デロイトトーマツの日本での調査によれば消費者の EV や FCV 等の購入意向は年を追うごとに徐々に上昇はしているものの、まだそれほど高くないということにあり、主な理由としてはクルマの価格が高い、また EV では航続距離が短いという点が挙げられている。一方、FCV については認知度も低く普及には更に努力が必要であると報告されている。普及のための最大の方策は消費者の意識の中で障害となっているものを取り除くこ

とで、また EV や FCV ならではの魅力を作り出すことにある。

EV の航続距離に関しては、2016 年モデルの日産 LEAF は 1 充電当たり航続距離を従来の 87 マイル（139km）から 107 マイル（171km）に伸ばした商品も選択できるようになった。テスラはバッテリーを大量に積むことで 1 充電当たり走行距離を Tesla Model S で 234 マイル（374km）としている。ガソリン車以上に価格が高くなる最大の要因はバッテリーのコストで、特に自動車メーカーはクルマの様々な使用環境で長期間の性能を保証する信頼性の高い車載用リチウムイオン電池を開発して用いており、コストは汎用バッテリーの数倍から十倍程度高いとされている。一方、テスラはパソコン等で使用される 18650 と呼ばれる汎用のリチウムイオン電池を数千本繋いで自動車用にアレンジしたものを使うことでコストを大幅に下げている。

日本ではバッテリーの信頼性と容量拡大と共にコストの大幅削減もこれからの普及に重要だとして次世代バッテリーの研究を官民で進めてきたが、2030 年までの実用化を目指したガソリン車をしのぐ性能を持った電池はまだ基礎研究の段階にある。最新の研究では全固体電池や金属空気電池、その中でもリチウム空気 2 次電池の可能性が示された段階で、実用化には大きな壁がいくつも存在している。また、現在使われているリチウムイオン電池の性能向上とコスト削減の研究も同時に推進して、2020 年代に性能で 2 倍以上、コストを 5 分の 1 に削減を目指している。これらの研究を更に加速させると共に、現在まだ発展途上の車載用リチウムイオン電池のコストダウンのためにメーカーを超えてその標準化を進めることも一つの策である。

一方で日本は EV の充電設備の増設が官民の支援で進み、2017 年初めの時点で急速充電設備は 7,000 カ所に達していて、普通充電スタンドと併せて約 2 万 1,000 カ所となり、約 3 万 2,000 カ所のガソリンスタンド（2015 年末）と比べても EV の普及の妨げにならないレベルとなっている。FCV については燃料を供給する水素ステーションが 2017 年 1 月で 79 カ所設置された状況にある。

④ 小型自動車（乗用車等）について | 099

EVやPHEVの魅力の一つに走行費用が安いということと併せて、充電時間が長くまた充電の手間がかかることを除けば、ICT（情報通信技術）と親和性の高い電気システムにはこれからの自動運転車やコネクテッドカーにはうってつけの素材となるポテンシャルがある。充電に関しては高速充電や非接触充電等の研究が進めば解決できるだろう。バッテリーのブレークスルーと共に電動車両は大きく拡大する可能性を持っており、また日本の技術競争力を高めることに繋がるために、一層の普及促進策と研究の強力な推進が求められる。

4. 自動運転車の現状と将来への課題

　自動運転車は、人間が100％運転するものから完全に無人で走行するレベルまでの4ないし5段階に定義されている（表3-4-1参照）。これまでは人間が運転を主体的に行い、機械が状況に応じて人の操作を支援するレベル1までの安全デバイスとして実用化されてきた。DARPAの自律型無人運転車へのチャレンジプログラムは、新しい3次元レーダーや3次元地図等の技術の活用で無人運転の可能性を知らしめた。その中心になったのが米国のカーネギーメロンやスタンフォード等の大学で、メーカーのGMやフォルクスワーゲン等が車

表3-4-1　運転自動化のレベル

SAE レベル	呼称	定義	監視・対応 の主体
0	手動運転	運転者がすべての操作を行う	運転者
1	運転者支援	操舵や加速、減速のいずれかをシステムが支援する	運転者
2	部分的運転自動化	操舵と加速・減速の両方をシステムが支援する	運転者
3	条件付運転自動化	特定の運転モードで、自動化されたシステムが運転操作を行うが、システムからの切り替え要求に応じ運転者が対応する	システム （運転者）
4	高度な運転自動化	特定の運転モードで、自動化されたシステムが運転操作を行う	システム
5	完全運転自動化	すべての運転モードにおいてシステムが運転操作を行う	システム

SAE：Society of Automotive Engineers International（米国自動車技術界）
資料：SAE International STANDARD J3016より筆者意訳作成.

両提供で協力した。その後、それら大学の研究者が起業や移籍によって無人運転車の実用化研究は加速する。その一つが Google で、元スタンフォード大学の研究者を中心に開発を進め、2012 年から無人運転車の公道実証実験を開始して多くのデータを収集すると共に、世の中に自動運転車のムーブメントを作り出した。

　このような流れを受けて各国のメーカーも自動運転車の早期の実用化を目指して競争がはじまっている。ルノー・日産は 2020 年までに、交差点を含む一般道でドライバーが運転に介入しない自動運転技術を導入する予定と発表している。またトヨタは 2020 年頃の自動車専用道路での自動運転を目指すとしている。ホンダも 2020 年に高速道路でのレベル 3 の自動運転を実用化すると明らかにした。米 Ford は 2021 年に完全自動運転車を発売すると 2016 年に発表した。一方、GM はレベル 2 相当の自動運転車を 2010 年代には発売するとしている。Mercedes Benz（Daimler）や BMW 等のドイツ勢はレベル 3 を目指すと思われる。Audi は 2010 年代に発売するとしていたが、2017 年 7 月に高速道路で時速 60km/h 以下（渋滞時を想定）でのレベル 3 自動運転ができる車を秋ごろ発売すると発表した。2015 年には独 3 社が共同で、欧州と北米の地図データを持つドイツの Here 社を買収している。また米ミシガン大学がデトロイト近郊に作った自動運転の走行施設 The Mobility Transformation Facility（通称 Mcity）には日米の各メーカーが参加して実用化研究を加速させている。

　日本は 2016 年に内閣府の戦略的イノベーションプログラム（SIP）のなかに自動走行システム研究開発計画を立ち上げ、2025 年を目標に完全自動走行システムの実用化を目指すとしている。その計画の中で、地図情報高度化（3D マップ）や ITS による先読み情報、センシング能力向上、ドライバーと自動走行システムのインターフェース技術の開発、またインターネットからの侵入等によるシステム異常を防ぐセキュリティ技術等メーカー単独ではなく共同で進めることが好ましいものを中心に検討が進められている。

④　小型自動車（乗用車等）について ｜ 101

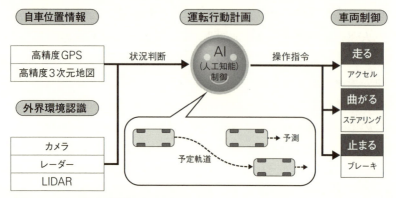

資料：ホンダ等各種資料を参考に筆者作成.

図3-4-1　自動運転システムの概念

　自動運転技術の開発を支援するために、日本をはじめ各国で規制を緩和する動きもある。日本では公道実証実験用の車両に大臣認定を適用することでドライバーが乗車した状態での自動運転が認められるとする見解を発表した。また米国ネバダ州等の数州、英国やドイツ等では同様にドライバーが乗車しての公道走行実験に対する規制緩和が行われている。

　自動運転の技術は外界認識と状況判断および行動計画の立案と操作という一連の人間の働きを模したシステムで構成される（図3-4-1参照）。高度な自動運転には外界認識にカメラやレーダーと共にレーザー光を用いて3次元の位置を測定できるレーダー（LIDAR）が用いられている。これは自車の計測した3次元情報と高精度の3Dマップを重ねて現在位置と進路の状態を把握するために用いられる。この情報とカメラ等から読み取った画像データ等を分析して行動を意思決定するためにAI等のコンピュータ技術が用いられ、ハンドルやアクセル、ブレーキに操作指令を出してクルマは運転が継続される。もし前方に障害物が現れた場合、クルマはブレーキをかけるか、ハンドル操作で回避するかの状況を判断して瞬時に決定する能力が必要である。

しかし、現在の技術では外界認識にもまだ限界があり、例えばカメラが急激に強い日差しを浴びたり、霧や雨等天候が様々に変化する条件で、認識することができないケースが多く存在する。またAIと言えども人間の運転するクルマと混在する環境では判断できない事例も多々ある。例えば、渋滞した車列への割り込み等は現在の能力では不可能に近い。人間との運転の違いが事故を誘発するケースも実証実験では見られている。また学習していない事態へは対応が難しい。Googleは2016年に100万マイルに及ぶ公道実験の結果を公表しているが、それによればシステム異常により運転手が操縦しなければならなった場面は272回、運転手の判断による介入が69回あった。しかし、良い傾向としては、学習が進むにつれてニアミスは減少したと報告されている。

　レベル4以上の無人運転を目指す技術は、レベル2までの人間が主体となる場合と異なり極端にハードルが高くなる。人間が事故を起こす確率は条件により異なるが交差点での右左折で1,000万回に1回程度と言われている。一方、今の技術レベルでは機械の信頼性はそれほど高くなく、故障や誤作動等でも事故を起こす可能性がかなり高い。安全性を確保するためには二重三重の冗長システムが必要だが、複雑で高度なシステムの信頼性を高めることは容易ではない。例えばロケット等では2015年末までの打ち上げ成功率は世界平均で93.8％と信頼性はあまり高くない。現在の車載用半導体を例に挙げれば、要求される仕様は、−40℃から200℃、湿度95％、振動は50G（重力加速度）に耐え、20年間の寿命を保証すると共に市場の不良率は1ppm（百万分の一）以下とされていて民生用半導体の数倍から数百倍も厳しい値である。レベル4以上の自動運転車ではシステム全体でさらに高い信頼性を保証する必要から、AI用半導体等は現在の車載用半導体よりも厳しい品質が要求されることになると考えられる。信頼性をいかに高められるかが実用化の大きなカギになる。

　レベル3のように、システムの異常時にドライバーに操作のバト

④　小型自動車（乗用車等）について　｜　103

ンタッチ（ハンドオーバー）を要請するケースでは、人間が監視していない状態から操作を取り戻すまでに数秒から 10 秒程度の遅れが生じるとの報告もあり、現実に実用化できるかが議論されている。旅客機のパイロットはオートパイロットで飛行中にも常に状態を監視し緊急時に速やかに取って代われるように訓練されている。一部の国では飛行機と同様に訓練を受けることを義務付ける自動運転専用の免許制度も検討が行われている。しかし、自動走行中の常時監視を義務付けるとしても人間に過信や依存が生まれないような仕組みについての研究と制度設計も必要である。

また、各国の道路交通法の基本となっているジュネーブ条約やウィーン条約では走行には運転者が必須であるため、現在、レベル 3 までを許容するような条約改正が行われている。さらに自動運転で事故が起きた場合の責任の所在も大きな課題である。現在は運転者の責任が基本となるが、レベル 3 以上のケースでは製造者の責任が問われる事態になりうる。このような法的、あるいは社会的な問題も実現までには解決しておく必要がある。

一方で、日本の地方での交通問題の解消や高齢者を含む交通事故の減少に自動運転技術への期待は大きい。自動運転車を高齢化が進んだ地方で活用できれば、高齢者の自由な移動を支援できる可能性が高いために熱心に導入を推進しようとしている自治体もある。しかし、公共サービスとして導入する場合の経済性や利用者の受容性等の懸念もあることから、自動運転でなくても解決できる方法も考えておく必要がある。

ICT を活用し、スマートフォンから希望の場所を指定すると、近くで自家用車を運転している人がタクシーのように送迎してくれるライドシェア・サービスもその一つだ。京都府京丹後市では国家戦略特区の制度を活用し、道路運送法の枠内で地域住民の登録者が運用する仕組みに米国ベンチャーのウーバー（Uber Technologies）の ICT システムを用いた「ささえ合い交通」が 2016 年春にスタートした。こ

れまでは規制や事故が起きたときの責任と補償等の問題から日本では実現が難しいとされており、普及に向けては京丹後市の結果を踏まえた社会的な議論が必要である。

またシェアリングサービスも無人運転との組み合わせで有用性の高いシステムができる可能性がある。現在のカーシェアリングは固定ステーションへの返却が基本だが、無人運転が実用化できればオンデマンド型サービスが可能となり、その利便性は飛躍的に向上する。長時間使用されないでいる車両を保有するよりもオンデマンド型のシェアリングサービスで車両を効率的に運行することによって欧州等では路上駐車による交通渋滞も緩和できるとされている。日本でもクルマと公共交通機関の最適な配分や連携が可能となりシームレスな交通の実現に繋がる可能性がある。

一方でクルマが他のクルマや道路、あるいは外部と通信を介して繋がる技術は様々な形で進められてきた。その例がETCやナビゲーションのVICS、あるいは最近のプローブカーシステムである。クルマとインターネットをもっと積極的に繋いで新しいサービスを生み出そうとするアイデアがコネクテッドカーで、クルマの様々な情報からクルマの走行支援、車両診断、渋滞緩和や交通管理、危険予知や交通事故削減、保険サービス等を行おうとするものである。車載装置にはGoogleやAppleのOSが提案されており一部メーカーで採用がはじまっているが、この情報技術を自動運転車に活用する動きも起きている。またほとんどの人々がGPSを内蔵したスマートフォン等の携帯端末を持つ時代には、人とクルマのコミュニケーションによって見えない場所からの飛び出しも認識できるようになれば、一般道路等の混合交通下での安全性をさらに高めることも可能になるかもしれない。ただし、インターネット等外部への通信接続はコンピュータウィルスやハッキング等のサイバー攻撃にクルマが曝される危険性があり、その対策も非常に重要である。特に自動運転車にとっては大きな課題である。

自動運転技術開発の目的の一つが交通事故を減らすことである。事故の削減効果については、既に発売されている自動ブレーキ装着車はメーカーの調査によれば、装着しない場合に比べて事故が約30％あるいは60％減少したと発表されている。レベル1までの安全運転支援技術でも機能が発揮される条件下では事故を減らす効果が大きいことがわかる。レベル2までの自動運転技術を拡大することによって更なる事故の削減が期待できるが、そのためには過去の安全デバイスに起きた過信と依存の問題について対応は必須である。またレベル3以上の自動運転車での削減効果はシステムの信頼性に依存することから充分な検証が必要であり、段階的な導入が望ましい。

5. 2050年に向けて

地球温暖化や大気汚染問題の解決に向けて、EVやFCV等の走行中に温暖化の原因となる二酸化炭素や大気汚染の原因となる窒素酸化物等の汚染排気ガスを出さないクルマとして2050年に向けて重要であることは論を待たない。しかしその普及には様々な課題が存在している。これまで、規制や資源の減少による石油価格の上昇によってEV等電動車両への代替が進むのではないかという考えも、シェールガス革命によって安価なガソリンが供給されており、補助金や税制優遇等の政策的支援にもかかわらず大きく伸びる状況にはない。消費者が欲しくなるクルマとなるような価格と走行距離を実現することや、電気や水素インフラの整備等で差を埋める努力を継続する必要がある。特にバッテリーの研究開発は世界との競争力も考えると最重要課題であり、そこに政策的な強化が求められる。

また交通流が円滑になれば燃費や電費等エネルギー効率を改善することができるため、温暖化の抑制にも効果が期待できることから、IoTとAIによる交通管制やコネクテッドカー、自動運転車を含む将来の交通管制システムについても研究を進める必要がある。

交通事故の削減や高齢化社会への対応としての自動運転車、特に無人運転の実用化には様々な課題がある。現在のクルマに採用されはじめたレベル1の自動ブレーキでも大きな事故削減効果が立証されており、レベル3以上の自動運転でなくても充分な効果があると考えられる。まずはレベル1〜2の普及を拡大することが重要であり、その普及のための政策を強化する必要がある。国土交通省は乗用車の自動ブレーキの標準化に向けて国連における国際基準調和を2017年に提案し、検討が開始されることが決定した。今後、事故の評価も踏まえながら他のシステムについても同様の活動が求められる。

　レベル3以上の自動運転車については課題を共有化して様々な社会的なコンセンサスを作ると同時に、将来の交通システムとしてどのように位置付けるかを検討する必要がある。またAIの開発についてはソフトとハードの両面で戦略が必要だ。ディープラーニングの時代に即した良質なビッグデータを確保することが企業の枠を超えて求められる。また、信頼性の高いシステムに必要なAIチップの量産技術開発は、車載用半導体の高い品質で世界に評価されている日本の半導体産業にとって良いチャンスである。一方、AIチップの回路設計等の分野では遅れていると思われるので、研究体制を強化することも必要である。

　さらに日本の自動産業の強みであった生産技術もIoTやAIによる革命を自ら起こさなければならない。日本企業の個々の様々な取り組みに加えて、新たなシステムを生み出すための研究を促進するような政策が求められる。

　日本は企業の努力によって狭い日本から飛び出し世界の自動車生産の3分の1を占める力を持つに至った。先進国・新興国を問わず競争は日々激化している。自動車産業にとってEVやFCV、あるいは自動運転等の技術革新は今後の競争を勝ち抜く重要なものであると同時に、人口減少と高齢化社会に入った日本の経済を支える産業としての役割もある。環境変化の激しい中で日本の自動車産業が技術で世界

に貢献し、世界をリードし続けるためにも、これまでの価値観に固執しない起業家としての精神と素早い行動が今求められている。

参考文献

1) Global EV Outlook 2016, IEA (International Energy Agency)　2016 年 5 月
2) Energy Technology Perspectives 2016, IEA (International Energy Agency)　2016 年 6 月
3) 自動運転を巡る国際的動向　国土交通省資料　2016 年 1 月
4) スバルアイサイト搭載車の事故件数調査結果について、スバル広報発表資料 2016 年 1 月
5) 次世代車に関する消費者意識調査結果、デロイトトーマツコンサルティング 合同会社　2015 年 6 月
6) 戦略的イノベーション創造プログラム (SIP) 自動走行システム研究開発計 画、内閣府　2016 年 10 月
7) AUTOMATED DRIVING (Levels of Driving Automation for On-Road Vehicles) SAE international's STANDARD J3016　2014 年 1 月

> 各論⑤ **物流、低炭素大型車**

　自動車はその歴史の中で経済発展に大きな貢献を果たし、今や世界的な基幹産業として人の移動や物流等の生活を支えるためになくてはならない存在となっている。その中で化石燃料消費による地球規模での環境影響も極めて重要な課題であり、世界的に自動車保有台数増加が続く現在、一層中長期的な視点に立った改革への取り組みが必要である。人や荷物を運ぶための大型バスやトラックには幅広い車種や用途があるが、本項では車両総重量の3.5t超の重量車に軸をおいて述べたい。

1. 商用車の特徴と期待される役割

　商用車は図3-5-1に示すように環境に優しく、かつ時間の正確さや効率的な積載を追求して人や物を目的地に届けるという生産財としての重要な使命を持つ。また、昨今は、図3-5-2に示すように環境やエネルギー動向といったパワートレーンに求められるニーズと共に、経済性、利便性、幅広い用途への適合に加えて少子高齢化による

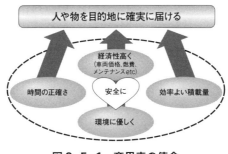

図3-5-1　商用車の使命

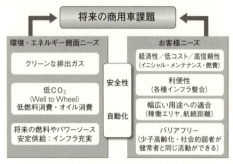

図3-5-2　商用車に求められる課題

　ドライバー不足の対応や障がい者が健常者と同じように活動できるバリヤフリー化等、社会の変化に連動したお客様ニーズや安全性、自動化等多面的な車両と社会システム全体を見据えた技術革新的なニーズも顕在化している。

2. 人口・物流の将来動向と商用車の課題

(1) 動向

　商用車が注目したい動向として、世界の人口増加と物流量変化の2点を選択した。図3-5-3は総務省統計局による世界人口増加予測で

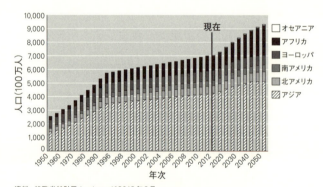

資料：総務省統計局ホームページ2013年9月、
　　　UN, World Population Prospects: The 2010 Revision.

図3-5-3　世界人口の増加予測

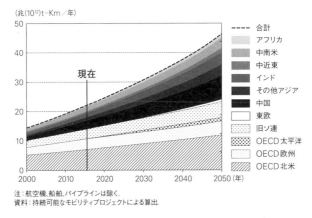

図3-5-4　地域別貨物輸送活動の動向予測

あるが2013年の70億人から2050年には90億人を超え、特に新興国の多いアジア、アフリカは増加が著しい。また、世界の地域別貨物輸送の動向（航空機、船舶、パイプラインを除く貨物輸送）は図3-5-4に示すように2016年時点の22兆t·kmから2050年は45兆t·kmとほぼ倍増が予測されている。

(2) 物流の位置付け

　日本の物流は迅速性、定時性、機動性、取り扱いの丁寧さに加えて自然災害に対する強い連携等、質の高さは世界的にも注目されており、こうしたサービスや輸送品質全体の実力は事業者をはじめ行政や自治体等多くの関係者により支えられていることが我が国の強みと言って良いのではないだろうか。世界的に物流量が増えていく中で、当然ながら我が国の物流事業が大いに貢献していくことを期待したい。そのためにも温度管理や鮮度確保等、輸送品質をはじめとして、きめ細かい輸送品質確保のためのサービス形態や動線、道路をはじめとしたインフラ、各種法規整備、リスク対応等日本が持つ得意分野を活かし、官民が協力して事業拡大することが世界の物流に貢献していく道ではないだろうか。

　日本における物流業の規模を把握できる概要を図3-5-5に示す。

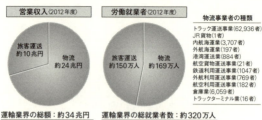

図3-5-5　日本における物流業の概要

表3-5-1　物流業の事業別収入・人員規模

	営業収入（円）	事業者（者）	従業員（人）	中小企業率
トラック運送事業	14兆3,685億	62,936	144万	99.9%
JR貨物	1,312億	1	6,000	0.0%
内航海運業	8,998億	3,707	2万	99.6%
外航海運業	4兆3,337億	197	7,000	55.7%
港湾運送業	1兆942億	884	5万2,000	88.7%
航空貨物運送事業	2,684億	21	3万4,000	23.8%
鉄道利用運送事業	2,529億	1,047	6,000	86.1%
外航利用運送事業	3,185億	769	4,000	73.7%
航空利用運送事業	5,564億	182	1万5,000	61.5%
倉庫業	1兆7,608億	6,059	10万5,000	91.3%
トラックターミナル業	286億	16	500	93.8%
合　計	約24兆	—	約169万	—

※国土交通省統計資料より、国土交通省総合政策局物流政策課作成。
※データは平成24年度のもの（一部例外、推計値あり）。この他に内航利用運送事業者、自動車利用運送事業者が存在。
※一部の業種については、報告提出事業者のみの合計の数値。
※全就業者数は総務省「労働力調査（平成25年）」の数値。
※旅客分野は乗合バス事業、貸切バス事業、タクシー事業、JR旅客会社、大手民鉄、地域鉄道、旅客船事業、旅客船事業のうち長距離フェリー、航空運送事業（主要11事業者の収支状況を基に算出）の合計（国土交通省総合政策局公共交通政策部交通計画課資料より）。
資料：国土交通省「物流をめぐる状況」平成27年4月30日。

営業収入としては運輸業界全体が、約34兆円、その中で物流業は約24兆円と日本国GDPの5%を占める一大産業である。同様に運輸業界全体の総就業者数は320万人という規模であり、その中で物流

表3-5-2 トラックドライバー需給の将来予測

	2010年度	2020年度	2030年度
需要	993,765人	1,030,413人	958,443人
供給	964,647人	924,202人	827,497人
不足	△29,118人	△106,211人	△85,946人

資料：公益社団法人鉄道貨物協会　平成25年度本部委員会報告書．

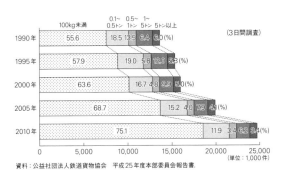

資料：公益社団法人鉄道貨物協会　平成25年度本部委員会報告書．
図3-5-6　物流件数の推移（流動ロット規模別）

業界は169万人である。

その物流業の中を事業別に分類した内容を表3-5-1に示すが、トラック輸送が営業収入では約14兆円と全体（24兆円）の約60％、従業員人数は144万人と全体（169万人）の約85％といずれも規模として大きな役割を担っていることがわかる。こうした中で貨物輸送量の傾向は、国内が継続的に横ばい、国際貨物はリーマンショックによる減少が一時的に見られたものの長期的には増加傾向であるという見方が一般的である。

一方、物流事業者の現場では労働環境の厳しさから長距離ドライバーが集まりにくい、幹線輸送を受託する事業者が見つからないといった声や、高齢化が進み、低賃金なために若手ドライバーの確保が難しい等事業運営上重要な課題が顕在化している。ドライバー不足は表3-5-2に示すように2020年度で10万人、2030年度には約8万5,000人が不足すると予測され、この規模からわかるように、物流の

仕組みや自動化等の大きな対策が求められている。

更に、消費者のライフスタイル変化に合わせた成長著しい電子商取引（EC）によって、0.1 t 未満の小口輸送比率は**図 3-5-6** に示すように 1990 年の 55.6％から 2010 年の 75.1％へと比率が大きく増えていると共に、件数も 2 倍以上に増加し、きめ細かい小口配送のスタイルへの変化によって新たな社会問題も生まれている。再配達による事業者の負担改善は喫緊の課題となっており、そのためのシステムや宅配ボックス設置等のインフラ整備、地域によっては複数の事業者協力のもと、共同配送による効率化等も試行されており、小規模な改善の成功事例を拡大する等地域、事業者、行政が連携してそれぞれの地域的特性に見合った改善がスピード感を増して進められていくことが重要な現状である。

(3) 海外進出と国の方向性

我が国の製造業をはじめとした産業の海外展開に対応し、我が国の物流事業者による海外進出が着実に増加しており、2004 年から 2014 年の 10 年間で ASEAN 地域に進出した物流事業の法人数は 220 から 330 になり、1.5 倍の増加となっている。また、詳細は後述するが、物流による CO_2 削減も重要な要素であり、世界の物流増加に我が国が貢献していくためには中長期的な戦略の立案と実行が重要である。

国土交通省は、急速に進む日本の人口減少や巨大地震の切迫等の危機意識を共有化しつつ 2050 年を見据え、未来を切り開いていくための国土づくりの理念・考え方を「国土のグランドデザイン 2050」として平成 26 年 7 月に公表した。「コンパクト＋ネットワーク」をキーワードとして質の高いサービスの提供や新たな価値創造、また多様性と連携による国土・地域づくりとして各地域の「多様性」再構築、複数の地域間の「連携」により人・物・情報の交流促進等が詠われている。この考え方を踏まえ、国土交通省を中心に交通や物流に関わる政策検討に着手しているがそのチャートを**図 3-5-7** に示す。

図 3−5−7　国土のグランドデザイン 2050 と交通・物流政策

広域的・体系的な物流ネットワークの構築	・モーダルシフト ・国際コンテナ戦略港湾政策 ・コンテナラウンドユースの取り組み ・農産物等の輸出促進に向けた物流システム構築 ・物流ネットワーク強化 ・車両の大型化対応 　(大型車誘導区間・特殊車両通行許可基準見直し)
地域内物流ネットワークの構築	・宅配便の再配達削減 ・地域の持続可能な物流ネットワークの構築 ・地域における共同配送の取り組み ・物流に配慮した建築物の設計・運用
物流システムの高度化・効率化	・物流網全体の統合化、効率化 ・災害に強い物流システムの構築
物流業の海外展開	・海外展開促進に向けた環境整備(ハード、ソフト)
物流分野の新たな展開	・労働力不足対策アクションプラン ・新技術の活用(物流技術研究会) ・手ぶら観光促進(一時預かり、空港・ホテル等配送)

資料：国土交通省「物流をめぐる状況」平成 27 年 4 月 30 日.

図 3−5−8　物流政策の取り組み課題（例）

基本となる軸は「国土形成計画」、「社会資本整備重点計画」、「交通政策基本計画」の三つの柱から成り、国土形成計画については平成27年度から10年計画で計画が練られると共に、交通政策基本計画は平成32年度までに交通に関する施策の基本的な計画が、社会資本整備重点計画と整合の上でまとめられていく予定であり、いずれも既に着手されている。図3-5-8はそうした中でも具体的な課題として進められている項目を例として挙げるが、今後は、大型商用車もこうした物流政策を見据えて、2050年という将来への進化を遂げていくことが必要である。

(4) 物流の効率化

　官民による協力体制のもと、取り組まれている事例をいくつか取り上げてみる。国際コンテナ戦略港湾政策は国際基幹航路の我が国への維持・拡大による国際競争力強化を目指している。また、図3-5-9に示すようなコンテナラウンドユースや物流ネットワークの強化によるCO_2排出削減の取り組み、特殊車両通行許可基準の見直し

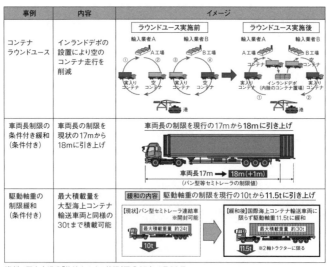

資料：国土交通省「物流をめぐる状況」平成27年4月30日．

図3-5-9　物流分野の効率化・輸送能力増強事例

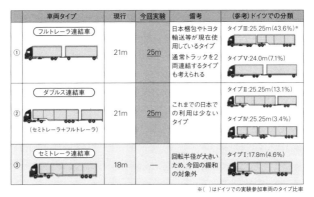

図 3-5-10　ダブル連結トラックの実験車両

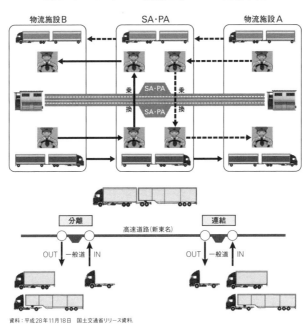

図 3-5-11　SA・PA を利用した中継輸送実験

（17m → 18m）やバン型等セミトレーラ連結車の駆動軸重緩和（10t → 11.5t）等による大量輸送を視野に入れた効率化施策が展開されている。

また、更なる大量輸送として、ダブル連結トラック（図 3-5-10 参照）

の実験が2018年に開始（埼玉県や群馬県）され、省人化や高速道路の合流部・ランプ等での交通流への影響等の調査と共に図3-5-11に示すような、高速道路のSA・PAを活用した中継輸送の実験（新東名清水PA）が行われ、本格導入に向けた条件等の検討に繋げる計画である。これにより、ドライバーの労働環境改善、女性や若者の活用促進、不規則な就業形態や長時間労働の原因となる1ドライバーの1工程という働き方の改善が期待される。また、この実験によりドライバーが高速道路のSA・PAを活用して上下線を乗り換える「中継輸送」に伴う課題も明確になり、その課題の解決によりドライバー不足対策の一助となるであろう。

(5) 更なる改善に向けた技術研究

こうした変化を捉えた物流の新たな手段や技術等、将来を見据えた活動に加えて、図3-5-12に記載されている事例のように大型トラックの電子連結、小型無人機（ドローン）による配送や安全性等の影響確認、荷役作業による人体への負担軽減のためのパワーアシストスーツ、物流施設の自動化等幅広い研究が行われており、そうした研究も次世代の車両に活かせるように連携することが重要であり、この動向は車両メーカーも大いに注目するところである。

図3-5-12　物流分野における新技術活用の動向

3. エネルギーとCO₂の動向

図3-5-13はBPによるエネルギーの将来予測で、化石燃料の減少が継続的に進むこと、これに対応したエネルギーの確保を目的として天然ガスや再生可能エネルギー、水素等多様な燃料への移行とそれに対応できる技術開発が求められ、商用車用動力もそのニーズに沿っ

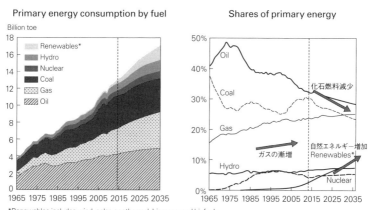

図3-5-13　エネルギーの動向

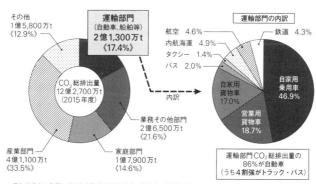

図3-5-14　日本の自動車　CO_2排出量

表 3-5-3　主要国の約束草案比較

日本の野心的な挑戦

〈削減目標の国際比較〉

国名	1990 年比	2005 年比	2013 年比
日本	▲ 18.0% (2030 年)	▲ 25.4% (2030 年)	<u>▲ 26.0%</u> (2030 年)
米国	▲ 14 ～ 16% (2025 年)	<u>▲ 26 ～ 28%</u> (2025 年)	▲ 18 ～ 21% (2025 年)
EU	<u>▲ 40%</u> (2030 年)	▲ 35% (2030 年)	▲ 24% (2030 年)

〈GDP1 ドル当たりの排出量 (原単位)〉

国名	2013 年	2030 年 /2025 年
日本	$0.29kg - CO_2$	$0.16kg - CO_2$ (2030 年)
米国	$0.47kg - CO_2$	$0.28\text{-}0.29kg - CO_2$ (2025 年)
EU	$0.29kg - CO_2$	$0.17kg - CO_2$ (2030 年)

※下線は各国の基準年

資料：IEA2015、各国統計、INDC 等に基づき経済産業省作成.

た技術開発を進めることが必要である。

　図 3-5-14 に 2015 年の日本の分野別 CO_2 排出量データを示す。運輸部門の割合が 17.4 ％と比較的大きな比率を占め、その中で自動車が 86％、自動車全体の中で貨物車やバスの比率が 40％と CO_2 削減の重要性が高い。中でも**表 3-5-3** に示すように、日本の CO_2 低減に関する削減目標（2030 年に 2005 年比▲ 25.4%）という目標の実現には商用車としても採用するパワートレーンの構想や車両の企画、それによる CO_2 削減効果見極め等総合的な長期目標を定めていくことが必要であり、取り組みは既に開始されている。

4.　商用車用パワートレーンの動向

(1) ディーゼルエンジンの技術進歩

　環境、エネルギー、経済性といった点でカギとなる動力について、2050 年という将来を考えてみたい。商用車の多くがディーゼルエン

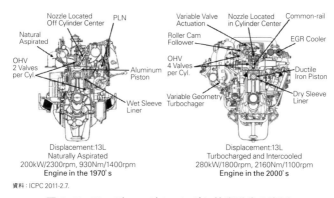

資料：ICPC 2011-2.7.

**図3-5-15 ディーゼルエンジン技術進歩の事例
（1970年・2000年）**

ジンを動力として活用されている理由が、重量物を輸送するために大きな出力とトルクを発生できる内燃機関であり、ガソリンエンジンに比べてエンジン効率が高く、経済的であること、同時に耐久性が高いためであることは良く知られている。

また、排出ガスのクリーン化や燃費向上技術が**図3-5-15**に示すようにエンジン本体や過給、燃料噴射、後処理、冷却等様々な装置で技術革新が図られた結果、今やテールパイプから黒煙を出して走行するトラックやバスはほとんど見ない状況になった。

こうした技術が今後は新興国も含めて世界的に拡大し、クリーンな環境づくりに貢献していくことは、日本の技術が海外の大気環境改善に貢献するチャンスとなり、歴史的にも世界の財産となり得る重要な取り組みであり、特に、新興国への技術や製品の導入促進に向けた活動が重要ではないだろうか。

2030年、2050年という長期の視点でも、商用車の使用条件を考慮すればディーゼルエンジンの動力に依存する車種は少なからず残存することが予測されるが、CO_2や化石燃料の節約といった点からは、軽油の消費量を減らすためにディーゼルエンジンの更なる効率アップが重要である。

また、その手段として様々なアイデアが研究されているが、一つの

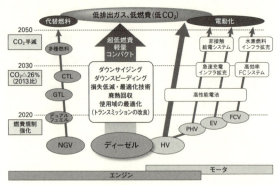

図3-5-16　商用車用パワートレーンの方向性

　大きな流れとしては、エンジンのダウンサイジングによるフリクションロス低減があり現在は特にその方向に進んでおり、今後も一層の小型・軽量で高出力、高効率なディーゼルエンジンの技術開発に取り組む必要がある。

　ディーゼルエンジンの一層の効率向上に向けては、国や研究機関、大学、企業が連携を強化しつつ様々な研究が行われている。図3-5-16は各種エネルギーと商用車の方向性を示すが、エンジンダウンサイジングをはじめダウンスピーディング等による損失低減、さらに廃熱回収等エンジン本体の効率向上技術や使用する回転速度の最適化等もカギとなる。同時に、モータ動力による電動化も着実に進歩している。

(2) 更なる効率向上への取り組み

　モータを組み合わせたハイブリッド技術に加えて、ランキンサイクル、ターボゼネレータ、熱電素子の利用等により熱を電力に変換する研究等、高出力かつ高負荷な環境で信頼性が求められる用途に適合できる技術の確立と実用化への期待も大きい。

　図3-5-17で日野自動車が研究に取り組んでいるシステムの事例を示す。通常のエンジン稼働条件においては、排気や冷却の損失が約50%あることに着目し、その熱を効率的に取り出すためのランキンサイクルシステムの研究に取り組んでいる。

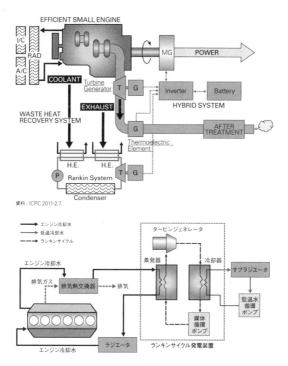

図 3-5-17　エンジン熱効率の向上研究事例

　実用化には装置の小型化等課題があるものの 7.5% の効率アップ効果が見込め、将来の実用化への期待も大きい。こうした技術の構築に企業努力だけでなく、官民が一体となった研究投資で成果が得られた事例としても意義があると考えている。

5. 環境変化に対応した2050年の商用車

(1) 電動パワートレーンの分類

　前項 2. で述べた世界的な人口・物流増加に対応して、大量輸送から小口配送まで、それぞれの規模で求められるのはやはり低コストかつ効率的な輸送である。商用車の車種や用途は多種多様であり、それぞれに適切なパワートレーンを考えていく必要がある。

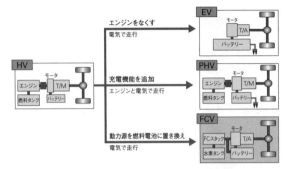

図 3-5-18　ハイブリッドをベースとした電動化システム

　電動パワートレーンの大きな分類を図 3-5-18 に示すが、比較的航続距離が求められる用途は現在確立されている HV、それに対して短距離用途を想定し、バッテリ電力でモータ走行する EV、また、走行エリヤによって EV と HV を使い分けることによりゼロエミッション走行のエリヤ指定が可能なメリットの活かせる PHV があり、この場合は搭載している燃料で非常時には発電も可能である。

　また路線が固定される用途等では走行中のゼロエミッションが期待できる FCV（燃料電池車）も考えられる。

　そうした環境に当てはめることが難しい重量物や長距離輸送が求められる用途では高効率ディーゼルエンジンが必要であり、電動化と高効率ディーゼルが共存し、徐々に電動化比率が高まっていくと考えている。

(2) 環境性能の向上に向けた対応

　図 3-5-19 はトヨタ環境チャレンジ 2050 年を示すが、商用車として考えた場合、先に述べた各種用途への技術的成立性と経済性の両面から高効率ディーゼル車と電動車の比率を商用車に置き換えて考えることも必要であり、自動車メーカーにおいては既に関係者による踏み込んだ検討が開始されている。

　しかしながら、検討には物流を含めた課題整理、実用上のきめ細かい検討を進める必要がある。また、更に表 3-5-3 に示す日本の野心的な CO_2 削減目標の達成には、車両だけではなく物流事業者やイ

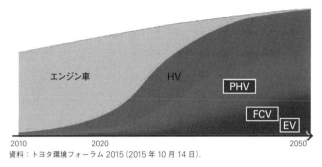

資料:トヨタ環境フォーラム 2015(2015 年 10 月 14 日).
図 3-5-19　トヨタ環境チャレンジ 2050

ンフラ事業者等多くの専門分野が連携し、物流と車両を含めた一体の改革が重要な課題となる。

　インフラ連携という視点では、ETC2.0 の活用等も注目に値する。これは料金収集システムに加えて、情報提供サービスをはじめ特殊車両の経路確認や許可の弾力化、運行管理支援等新たなサービスによる効果を想定した取り組みが開始されており、こうした物流の仕組みに車両が連携していくことの重要性が一層増すと共に、2050 年に向けては車両の自動運転化と連動し「繋がる」をキーに大きな変化があるのではないだろうか。

(3) 電動化の歴史と現状

　電動化の視点で過去を振り返ると、1970 年代に電気バスの市場実験が日野自動車と関西のバス事業者により行われた。電池寿命や充電技術がバスの運行に適合できずに幕を閉じた歴史があるが、その後ディーゼルエンジンと電気モータを組み合わせたハイブリッドシステムに研究が移り、そのハイブリッドシステムを搭載した大型路線バスが日野自動車から 1991 年に世界で初めて市場導入された。

　その後、観光バス、中小型トラック等への拡大、また複数の商用車メーカーから大型路線バスや小型・中型トラックに拡大すると共に現在は大型トラックにもハイブリッド化開発が進められている。

　市場におけるハイブリッドバスの累積販売台数を図 3-5-20 に、

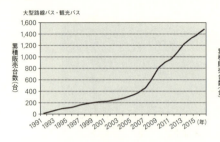

図3-5-20 ハイブリッドバスの
　　　　　販売動向

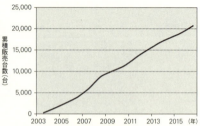

図3-5-21 ハイブリッドトラックの
　　　　　販売動向

トラック				
会社名	日野自動車	三菱ふそう	いすゞ自動車	日野自動車
車種	小型	小型	小型	中型
モータ	同期機	同期機	同期機	同期機
バッテリ	ニッケル水素	リチウムイオン	リチウムイオン	ニッケル水素

バス			
会社名	いすゞ自動車	日野自動車	日野自動車
車種	大型路線	大型路線	大型観光
モータ	同期機	同期機	誘導機
バッテリ	リチウムイオン	ニッケル水素	ニッケル水素

図3-5-22 国内販売されているハイブリッドトラック・バス

図3-5-23 ハイブリッドシステム活用の大型電動冷凍車

トラックを図3-5-21に、また日本市場で市販されているハイブリッド車を図3-5-22に示す。燃費性能をはじめ各種の性能向上、コスト低減、行政の支援等関係者の努力により着実に台数が増え、車種やバリエーションの拡大が進んでいる。

また、ハイブリッドにより発電した電気を荷室冷凍に応用した事例を図3-5-23に示す。2014年に日野自動車により市場導入され、冷凍のための動力に搭載していたサブエンジンが不要となり、環境面でも優れるだけでなく、燃料経済性への効果が期待されている。

ハイブリッド車は固有のインフラを必要としないメリットがあり、また電気エネルギーを荷台の電動装置に活用する等、幅広い応用が期待され、今後の中・長距離物流には重要な役割を果たしていくと思われ、物流の主役である大型トラックが東京モーターショーで参考出品され、注目されている。また、公共交通でも効率的な大量輸送、環境に優しいハイブリッドシステム、日本の法規にあわせた車両サイズというコンセプトで大型路線用ハイブリッド連節バスの開発が2017年2月に発表され、東京オリンピック、パラリンピックのタイミングとも連動して事業者の関心を集めている（図3-5-24参照）。

将来の脱化石燃料、一層のCO_2フリーを目指したPHV、EV、燃

図3-5-24　大型ハイブリッド車（将来コンセプト）

料電池等も地道な研究開発が継続的に行われている。こうした電動車両は、基礎技術はもちろん、商用車の使用環境を考慮した耐久性確保が求められ、市場でのサポート体制や、エネルギー供給のインフラ整備等課題も多いが、産学官が協力して研究や実証実験等の技術蓄積に繋がっている。

事例としては早稲田大学による短距離走行・多頻度充電の思想で、車両に積載するバッテリを最小限としたEV小型路線バスの研究成果は、範囲は限られるものの実用路線での運行に繋がっている。

国の牽引事例としては、国土交通省のプロジェクトによる非接触給電方式の大型PHV路線バスの研究も給電装置へのバス正着性と充電効率や市場導入に向けた課題等を整理することで、将来導入に向けた方向性も明確にされている。また、海外でも英国の自治体と企業の連携により、特定路線での実証実験が5カ年計画で進められており、日本同様に課題を明確にする活動を行っている。いずれも、将来実用化に繋がる可能性を持つ技術として今後も注目すべき技術である。

2013年には日野自動車のEV小型トラックで宅配事業の荷役作業性や物流業界としてのメリット、導入に向けての課題を把握する実証実験が行われた。こうした努力の積み上げが実用化に繋がり、次世代の

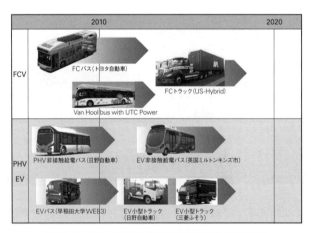

図3-5-25　国内外の電動車両取り組み事例

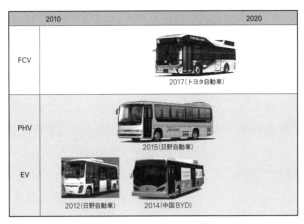

図3-5-26　日本に導入された電動車両の例

パワートレーンは徐々に実用化の域に近づきつつある。日本や世界各国での代表的な取り組み状況を図3-5-25に示す。

わが国で販売に繋がった電動車両の事例を図3-5-26に示すが、日本の市場として2011年に国の支援も得て商用車メーカーが販売したEV小型路線バスの運行が開始された(羽村市・墨田区・小松市)。

その後、2016年にはPHVの中型バスが3台運行を開始し、EV走行、HV走行のエリヤ指定等ができる特徴も活かしながら、実用面の効果が注目されている。

注目すべきは、ほぼ時期を同じくして中国製のバスが日本市場に導入されていることである。現在、中国国内における電動バスの累積販売台数は6万台を超えているとの情報もあり、そうした観点では、中国製EVバス普及の迅速さには目を見張るものがあり、我が国におけるEVバス導入状況との比較や、今後の普及に向けた課題を官民協力して検討していく必要があるのではないだろうか。

一方、燃料電池バスについては2003年に開始した実証運行を契機としてハード、ソフトの改善を積み上げ、2017年3月より東京都に導入され事業運行が開始された。今後は、東京都が牽引する水素社会実現に向けた燃料電池普及活動を一層強化すると共に、商用車の水素

消費に見合った規模の水素スタンドの国内への普及が国や自治体の牽引により、計画的に進められることになる。

このように、バスやトラック等電動化技術の研究で、実用化が着実に実を結んでいることは喜ばしいことであるが、今後は、こうした大型の商用車を対象としたインフラ整備が進められ、中核都市から地方都市まで広域な物流や人流に効果が得られるような普及に繋がるまで着実に行われるよう、粘り強い取り組みが必要である。

また今後は、障がい者等のスムーズな移動に対しても、一層の改善が求められていることから、そのニーズをより具体的に把握し、パワートレーンを組み合わせる上で車両構造に技術的な工夫を加える等の配慮も重要な課題である。

(4) 2050年を見据えた取り組み

パワートレーンは、過去の研究結果を踏まえて評価すると、表3-5-4に示すような特質と課題があり、それぞれ長所短所があるため、適用にあたっては中長期的な先行実験や社会的受容性を含めた普及へのロードマップづくり、更にコストを下げる等多くの努力が求めら

表3-5-4　各種パワートレーンの特質と課題

項目 パワートレーン	CO_2	航続 距離	積載 効率	燃料供給 時間	商用車 適応性	課題
クリーン ディーゼル	△	◎	◎	◎	◎	一層の効率向上 ダウンサイジング
ハイブリッド (HV)	○	◎	◎	◎	◎	システム効率向上 低コスト化 (装置の量産規模拡大)
プラグイン ハイブリッド (PHV)	◎	◎	○	◎	○	システムの小型化・軽量化 低コスト化
電動 (EV)	◎	△	○	△	○	電池の高性能化、小型・軽量化 低コスト化 システム高効率化
燃料電池 (FC)	◎	△	○	◎	○	FCシステム耐久性 インフラ整備 水素原料の低炭素化
天然ガス	△～○	△	○	○	△	低コスト化 インフラ整備

凡例 [◎：優れる　○：やや優位　△：課題あり]

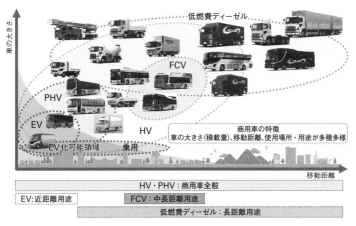

図3-5-27 次世代環境車の将来イメージ

れる。

その際に重要なことは、積荷や路線等様々な目的や用途に応じた車両としての実用性・利便性・経済性が課題となる。図3-5-27は現在の車両を対象として考えた次世代車両のイメージであるが、将来は、車両の姿もボディやシャシ、サスペンションやブレーキ等各装置も従来の発想に囚われない新たなアイデアや創造性が求められ、車両開発関係者にとって一層の工夫に取り組む良い機会となる。

更に、商用車が世界に貢献していく将来を思い描き、それぞれのパワートレーンの特質を考え、車両・エネルギー確保・インフラ整備等、中核都市・地方都市等複数の特区を設けて、物流や人流のモデルを起案し、小規模に実証実験を積み上げて実現に繋げるロードマップづくりとその投資計画を官民連携して迅速に進めていくことを提案したい。2050年には商用車の大半がHVはもちろん、EV, PHV, FCV等の電動パワートレーンが採用されCO_2が限りなく少ない時代を迎えていると信じている。そのために次世代の車両とパワートレーン技術開発に一層尽力すると共に、官民関係者との連携強化と、行政の強いリーダーシップにより画期的な技術やシステムを社会に整備するプランづくりに関係者は全力を注ぐときである。

参考文献

1. 持続可能な発展のための世界経済人会議 2004「Mobility 2030」.
2. 大聖泰弘ほか. 展望 次世代自動車―実用化と普及拡大に向けて―, 2011 年 5 月.
3. 大聖泰弘：2050 年に向けた次世代自動車と動力システム（2015 自動車技術会春季フォーラム）.
4. トヨタ環境チャレンジ 2050, トヨタ環境フォーラム, 2015 年 10 月.
5. 国土交通省「物流をめぐる状況」平成 27 年 4 月 30 日他.
6. 国土交通省「ダブル連結トラック実験の開始について」平成 28 年 11 月 18 日.
7. 国土交通省, 道路交通センサス.
8. 紙屋雄史ほか：早稲田大学におけるワイヤレス給電方式を採用した短距離走行高頻度充電型電動バスの研究紹介, EVEX −EV・PHV 普及活用技術展（2014）, セッション E8.
9. IEA：World Energy Outlook 2014（2014）.
10. 公益社団法人, 鉄道貨物協会, 平成 25 年度本部委員会報告書.
11. 鈴木孝幸：eco テクノロジーへの挑戦（2008）, pp.67-116.
12. 野田智輝：「電気自動車、プラグインハイブリッド自動車の普及に向けた経済産業省の取り組み」 自動車技術, Vol.63, （2009）, pp.4-10.
13. 山口公一：「日野ブルーリボン・シティーハイブリッドバスの開発」, 日野技報 Vol.59（2008）. pp.16-23.
14. 遠藤真ほか：ICPC2011-2.7CommercialVehicleDieselEngineand Hybrid System for Today and Future in Hino.
15. 鈴木滋ほか：SAE/JSAE 2011 in KYOTO Power-train, Fuel and Lubricants Meeting TWS-5.
16. History and Resent Technology of Commercial Hybrid Vehicle.
17. 東壽志ほか：「小型 EV バス用エネルギーマネージメントの開発」自動車技術会春季学術講演会 NO.20145199（2014/5）.
18. 大沢洋：「EV 小型トラックのコンセプトと車両性能」自動車技術会春季講演会, No20135370.
19. 高坂知典：中型 PHV バスの車両性能と概要, 自動車技術会秋季大会, No20145882.
20. 川田泰ほか：大型トラック電動冷凍車の開発, 自動車技術会秋季大会, No20145730.
21. 東壽志ほか：「Development of Energy Management for Small Electric Buses」SAE World Congress NO.2015-01-0246（2015/4）.
22. 西貴之ほか：「プラグインハイブリッドバスの開発」自動車技術会秋季学術講演会, No201663（2015/10）.
23. 古川卓俊ほか：「A Study of the Rankine Cycle Generating System for Heavy Duty HV Trucks」SAE2014-01-0678.

各論⑥ 都市（街）

1. はじめに

　わが国の首都である東京都の人口は1,300万人以上、定義にもよるが東京首都圏としては3,500万人以上が集中する世界的に見ても稀有な巨大都市である。高度成長期、バブル期には東京一極集中が問題視され、東京の成長が政策的に制限された時期があったことも事実である。近年ではウォーターフロントを中心とした都心回帰により、再び都心部への人口流入傾向も示されているが、開発事業者は地価と開発制度を勘案し、経済合理性に即した整備を進めるため同一用途が局所集中する傾向は変わらず、社会的ニーズに必ずしも適合していない面もある。20世紀末から世界第2位であった我が国の国内総生産（GDP）は2010年に中国に抜かれ、世界3位へと後退したが、日本の中心である東京の都市としての競争力も同じアジアにおいて発展著しいシンガポール、上海、香港の後塵を拝することとなっている。

　東京が直面する主な課題としては、

① アジア新興諸国に対抗する国際競争力の強化

② 日本の観光先進国化の牽引

③ 少子高齢化への対応

④ 巨大災害に対する防災性の向上

⑤ 環境問題への対応

等、社会・経済の成熟、変化を背景としたものが挙げられる。

　また、国際競争力を意識すると都市はより魅力的に発展していかなければならない。防災、環境等の課題をクリアすることはもちろん、コンパクトな範囲においてニーズに応える多様な機能を融合し、戦略

⑥ 都市（街）　| 133

的に集積することが必要である。

2. 居住

　日本の総人口は1億2,686万人で前年より17万人減少しており、65歳以上がこのうち30.2％を占めている（平成29年1月1日時点の概算値／平成29年1月20日　総務省統計局発表）。一方で東京都の人口は1,365万人で前年より11万人増加している（平成29年1月1日時点の概算値／平成29年1月30日　東京都総務局発表）。東京の人口は1970年代から1990年代にかけて伸びが鈍化していたが、2000年代に入ってから再び増加傾向にあり、その傾向は都心部に集中しつつある（**図3-6-1**参照）。

　東京の人口が1,200万人を超えた平成13年から平成29年の16年間において東京都の人口は11.55％増加しているが、この間に千代田区、中央区、港区の都心3区では約30万人から約46万人へと約1.5倍になっており、人口密度は109人／haである（**表3-6-1**参照）。

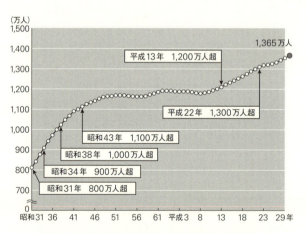

図3-6-1　東京都の総人口（推計）の推移
（昭和31年～平成29年）―各年1月1日現在―

表 3-6-1　都心 3 区の居住人口の推移

	平成 13 年 (2001 年)	平成 22 年 (2010 年)	平成 13 年比	平成 29 年 (2017 年)	平成 13 年比	面積	人口密度 (1㎢あたり)
総数	12,129,183 人	13,009,759 人	+7.26%	13,530,053 人	+11.55%	2190.93 ㎢	62 人／ha
区郡	8,223,608 人	8,851,384 人	+7.63%	9,302,962 人	+13.13%	626.70 ㎢	148 人／ha
千代田区	40,918 人	49,798 人	+21.70%	59,788 人	+46.12%	11.66 ㎢	51 人／ha
中央区	81,411 人	118,780 人	+45.90%	149,640 人	+83.81%	10.21 ㎢	147 人／ha
港区	174,947 人	223,369 人	+27.68%	249,242 人	+42.47%	20.37 ㎢	122 人／ha
都心 3 区	297,276 人	391,947 人	+31.85%	458,670 人	+54.29%	42.24 ㎢	109 人／ha

資料：東京都の統計　住民基本台帳による世帯と人口　※各都市共すべて 1 月 1 日時点

表 3-6-2　都心 3 区の昼間人口の推移

	平成 12 年 (2000 年)	平成 22 年 (2010 年)	平成 12 年比	平成 27 年 (2015 年)	平成 12 年比	平成 32 年 (2020 年)	平成 12 年比	面積	人口密度 (1㎢あたり)
総数	14,666,899 人	15,575,130 人	+6.20%	15,734,786 人	+7.28%	15,737,131 人	+7.30%	2190.93 ㎢	72 人／ha
区郡	11,125,135 人	11,711,537 人	+5.27%	11,838,813 人	+6.42%	11,864,914 人	+6.65%	626.70 ㎢	189 人／ha
千代田区	855,172 人	819,247 人	-4.20%	812,360 人	-5.01%	808,899 人	-5.41%	11.66 ㎢	697 人／ha
中央区	648,368 人	695,926 人	-5.55%	596,680 人	-7.97%	504,355 人	-8.33%	10.21 ㎢	584 人／ha
港区	837,658 人	886,173 人	+5.73%	876,015 人	+4.58%	875,074 人	+4.47%	20.37 ㎢	430 人／ha
都心 3 区	2,341,196 人	2,311,346 人	-1.27%	2,285,055 人	-2.40%	2,276,328 人	-2.69%	42.24 ㎢	541 人／ha

資料：東京都の統計　東京都昼間人口（平成 12 年、22 年データ）　東京都昼間人口の予測（平成 27 年、32 年データ）
※各年共すべて 1 月 1 日時点

　一方この間、都心 3 区の昼間人口は微減傾向にあるものの平成 32 年
（2020 年）時点では約 228 万人、人口密度は 541 人／ha と想定されて
いる（表 3-6-2 参照）。

　世界最大の都市であるニューヨーク市マンハッタン島（約 61 km²）
は都心 3 区（約 42 km²）の 1.5 倍の面積であるが、人口密度に着目す
るとマンハッタンの昼間人口密度は 570 人／ha（昼間人口約 350 万人）
と都心 3 区とほぼ同等であるが、居住面での人口密度は 260 人／ha（居
住人口 160 万人）であり、この 16 年間で 1.5 倍となった都心 3 区の
さらに倍以上の密度となっている。

　東京都心部において、ビジネス面の集中に比較し、居住面での高度
利用にはまだ十分な余裕があると言える。

　一方、労働者人口の不足が叫ばれる中、女性の活躍が望まれるが、実
際には子育て、介護を要因とした離職が大きな社会問題となっている。
今後一層深刻となっていく少子高齢化対策としても子育て支援、介護等
関連施設と併せた都心居住スタイルを選択肢として整備していくことは
移動時間の短縮を可能とし、労働人口を確保することにも繋がる。

⑥ 都市（街）

3. 滞在

　政府は観光先進国を目指し、「明日の日本を支える観光ビジョン」を策定している（2016 年 3 月 30 日）。従来の目標を大きく上積みし、訪日外国人旅行者は 2015 年実績の 1,974 万人から 2020 年で 4,000 万人、2030 年で 6,000 万人に増加し、訪日外国人旅行消費額は 2015 年実績の 3 兆 4,771 億円から 2020 年で 8 兆円、2030 年で 15 兆円に成長するものとしている。

　世界の旅行者総数は 2015 年で 11 億 8,600 万人、観光収入総額は 1 兆 2,600 億ドルであるが、旅行者総数は 2020 年で 14 億人、2030 年で 18 億人に増加するものと見込まれており（**表 3-6-3** 参照）、旅行消費額は日本の目標値を照らし合せると 2015 年で 1.66％となっている世界シェアを 2020 年で 2.94％、2030 年で 3.32％へアップすることが条件となっている（**図 3-6-2** 参照）。人口の多い新興国の発展により、世界旅行者数は想定通りの順調な増加が見込まれるが、彼らに旅行先として選択してもらえなければ我が国の目標値は達成できない。世界シェアの拡大を実現するためにはこれまで以上に日本の魅力ある観光資源を提供し、訴求していくことが重要である。

　また、同ビジョンでは一人当たり消費額も 2030 年で約 1.4 倍の

表 3-6-3　訪日外国人に関する政府目標

	2015 年	2020 年	2030 年
訪日外国人旅行者数	20 百万人 （19,373 千人）	40 百万人	60 百万人
訪日外国人旅行消費額	3.5 兆円 （3 兆 4,771 億円）	8 兆円	15 兆円
一人当たり消費額	17.6 万円／人	20.0 万円／人	25.0 万円／人
国際観光客到着総数	1,186 百万人	1,360 百万人	1,809 百万人
訪日シェア	1.66％	2.94％	3.32％

資料：UNWTO Tourism Highlights 2016 Edition、「明日の日本を支える観光ビジョン」

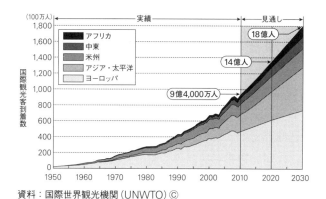

図3-6-2　UNWTO2030長期予測：1950-2030年の実績と見通し

25万円／人が目標とされている。これまでの爆買いに代表される「モノ消費（買い物中心）」から「コト消費（体験中心）」へと移行していくことが重要であるが、何より滞在期間の延長が消費の拡大には効果的である。しかし、直近の傾向を見ると外国人延べ宿泊者数は2015年で前年比47.1％増、2016年上期も28.2％増と高い伸び率を示しているものの、一人当たり宿泊日数は減少傾向にある。この傾向は中国をはじめとするアジア近隣諸国からの伸び率が高いことに起因しているが、遠距離旅行となるため比較的宿泊日数が長く、かつ一人当たり消費額が多い欧米豪からの訪日客が満足できる質の高い観光資源、および観光支援施設を提供していくことこそが重要となる。みずほ総合研究所（みずほリポート／2016年8月26日）によれば日本国内における延べ宿泊者数は平均的な増加シナリオを前提にした場合においても2015年実績の約5億人泊から2020年には約5.5億人泊へ増加し、宿泊施設の客室数は全国で4.4万室、東京都では1.8万室が不足するとされている。現在、東京では新規ホテル計画が目白押しであり、量的逼迫度合いは緩和されつつあるとの情報もあるが、不足する宿泊ニーズに直接的に応えたバジェットタイプのホテル開発が多く、今後わが国が求めていくターゲット層に適した質（客室面積、サービスグレード等）の面に関しては疑問も残る。

4. 居住・滞在機能整備の促進策

　東京都心部は地価が非常に高い。居住（および子育て支援、介護）・滞在機能を都心に整備することが有効である一方、経済合理性の面からは住むことは容易ではない。必要な機能に対する地価の影響を薄めていくためには開発事業者を誘導し得る制度整備により、高度利用（高容積）を進めていくしかない。

　東京都の場合、オープンスペースの確保等、公共的な貢献を行う建築計画に対して容積率緩和等のインセンティブを与え、良好な都市開発の誘導を図ることとしており、

① 再開発等促進区を定める地区計画
② 特定街区
③ 高度利用地区
④ 総合設計

の四つを都市開発諸制度と呼んでいる。

　また制度の前提として、地域特性に応じたエリアを設定し、緩和することのできる容積率限度のほか、緩和した容積に充当すべき用途（育成用途）の内容等についても定められており、都心3区では皇居に近接した東側と南側が「都心」、その周囲が「都心周辺部」に指定されている。いずれのエリアにおいても緩和容積の2分の1以上を育成

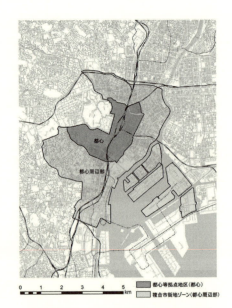

図3-6-3　東京都心部　整備区分図

用途として整備する必要があるが、「都心」では原則として住宅は育成用途として認められていない（図3-6-3参照）。

　住宅の整備誘導に特化し、オフィス容積を倍以上の住宅容積に振り替えることのできる制度も別途整備されており、また、政府の観光先進国化の方針を受け、2016年6月には国土交通省より宿泊施設に関する容積緩和制度創設が地方公共団体宛に発出されているが、他用途と比較してオフィスの収益性が圧倒的に高い都心部では選択しづらい制度設計となっている。また、規模のメリットが大きいオフィスと異なり、居住・滞在機能の整備は比較的中小規模の開発でも可能であるが、上記の各制度はいずれも大規模開発を対象としたものとなっている。都心部に戦略的にこれらの用途整備を促進していくためには制度の再構築も必要である（図3-6-4参照）。

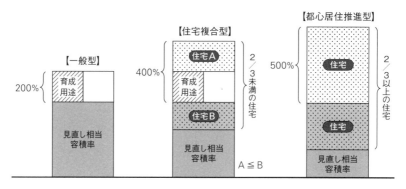

図3-6-4　都市開発諸制度における容積緩和の例

5. 環境面のメリット

　東日本大震災以来、地域熱供給事業、特定電気事業といった自立分散型のエネルギー拠点整備の必要性も議論されているが、東京における最大の課題はエネルギー面の融和性を前提とした用途複合である。オフィス用途の割合が極端に大きい都心部では地域エネルギー供給の

メリットが小さく、導入が進みにくい。同じ用途が集積している都心部では必要なエネルギー、時間帯が同一であり、ボリュームメリット以外のメリットが生じない。これに対し、居住・滞在機能は必要なエネルギー、時間帯がオフィス用途と明らかに異なり、エネルギー融通することで相互にメリットを見込むことができる。最適なバランスを考慮した用途計画の誘導ができれば、経済合理性の観点からも地域エネルギー融通は促進される。

6. 防災面のメリット

弊社、森トラストは東京都心部を中心として、全国で賃貸オフィスビルを保有、運営する総合ディベロッパーである。2011年3月に発生した東日本大震災に際しては、仙台市中心部に保有する大規模複合施設「仙台トラストシティ（約156,000㎡）」、「仙台MTビル（約43,000㎡）」において、長時間にわたる停電の中、非常用発電機により電源を確保し、建物内に延べ約3,600人の帰宅困難者を受け入れることができ、災害時の非常用電源の重要性を再認識している。

東日本大震災以降、BCP（Business continuity plan）確保の観点からガス、オイルを燃料とする非常用発電機の増強装備が進められているが、その多くは2、3日間を利用の目途としており、対象はオフィスビルである。住宅、ホテルに関しても災害対策は講じられているが、現実的にはオフィスビルの対策とは比較になるものではない。災害時における居住・滞在機能の安全性を高めるためにもオフィス機能に近接して配置することが合理的である。

各論⑦　社会インフラ（交通・水・道路・防災）

1. はじめに

　現在は「時代の変わり目」であるという前提に立って、「日本再興」のためには、将来を視野に入れた具体的戦略に基づき、実効性のある国際的な戦術立案が、産業界全般に求められている。

（交通ネットワーク）

　人口推計によると、我が国の人口は、2050年では総人口1億人を若干下回り、25％以上が75歳以上、65歳以上は2010年度比844万人増加、15～64歳の生産年齢人口は、2010年度比3,100万人減少（38％減少）となり、欧州より深刻な状況が予想される。

　人口減少による税収の落ち込みは、更新期を迎える公共インフラの更新にも多大な影響を与え、社会全体の荒廃を招く恐れがある。

　例えば、橋梁を例にとると、これまでに全国で70万橋が整備され、そのうち、スパン15m以上の橋梁は13万橋存在する。供用50年を経過する橋梁数は年々増加している状況であり、高度成長期頃に数多く整備された公共インフラの維持・補修・更新は急務である。

　一方、世界の潮流としては、最新のICT技術を駆使した、ネットワーク・分散・知識集約・AIといったキーワードによる、社会・産業・交通システムの時代に入ろうとしている。

　我が国においてもエネルギーネットワークの改変に同期して、自動車交通システムの改革が必要となる。

　具体的には自動車の電化、ドライバー不足が深刻化している貨物車では自動化を含めた物流形態の大幅な変革、さらに公共交通手段であるバス等の水素燃料も視野に入れた電動化等が必要である。

交通のインテリジェント化は、将来のICT社会の構築に歩調を合わせ、高齢化社会を考慮したものが求められる。高齢者が地域で健康な生活を営む環境づくりとして配慮すべきデマンドバスやタクシー、その利便性確保を目指した自動車の自動運転化、AIを用いた高度な需要予測に基づくシェアリング交通システムの構築、AIを用いた効率的な物流システムの構築等が考えられる。

（地方の活性化と街づくり）

世界的トレンドとして、大都市への人口集中が進みつつある。これに対し、中小都市を交通・情報・エネルギーのネットワークにより緊密に繋ぎ、大都市同様の機能を持たせるというアイデアがEUでは提示されている。ネットワーク時代に即した、交通、エネルギーインフラの整備は、次世代の世界で生き残るためには必須であり、このような観点からインフラを見直していくことが必要である。

建築物、構造物は40〜50年の耐用年数を有するものであり、いま建設したものは、2050年までは健全であるが、2050年の時点で不良資産とならないよう、現時点から更新時に新たな考えで作り変えていくことが必要である。

欧米では地域公的電力会社により、地域の資金が地域内で循環するような取り組みをしているところが数多く見られる。我が国においても地方の活性化のために有益な示唆を与えるのではないだろうか。

電力小売りと地方公共交通を組み合わせた公共的事業体により、新たな雇用を生み出し、地方の活性化を図ることが考えられる。また、エネルギーネットワークと交通・情報ネットワークを組み合わせた地域振興策も有益ではないかと思われる。

これによって、交通・エネルギーの低炭素化と地方発のイノベーションを進めることが可能となり、知識経済活性化のための「人間交流中心」の街づくりが地方を支えるものと考えている。

（国土のグランドデザイン2050；国土交通省より、インフラ抜粋）

2014年に発表された、2050年を計画年次とする国土のグランド

142 ｜ 第3章 各論

デザインからインフラ整備に関する記述を抜粋する。

- 時代の潮流と課題
  ①急激な人口減少・少子化
  ②異次元の高齢化の進展
  ③都市間競争の激化等グローバリゼーションの進展
  ④巨大災害の切迫、インフラの老朽化
  ⑤食料・水・エネルギーの制約、地球環境問題
  ⑥ICTの劇的な進歩等技術革新の進展
- 国土づくりの三つの理念
  ①多様性の再構築（ダイバーシティ）
  ②連携革命による新しい集積の形成（コネクティビティ）
  ③災害への粘り強くしなやかな対応（レジリエンス）
- インフラ関連項目抜粋
  「コンパクト＋ネットワーク」
    質の高いサービスを効率的に提供する
    新たな価値創造（新しい集積を形成し、国全体の生産性を高める国土構造
  「多様性と連携による国土・地域づくり」
    50年に一度の交通革命、新情報革命を取り込み、距離の制約を克服
    距離は死に、位置が重要になる
  「人と国土の新たなかかわり」
    二つのベクトル（国際指向と地域指向）のもと、多元的な仕組みを取り入れる
  「世界の中の日本」
    世界の人々に多面的な価値を提供できる場とする
  「災害への粘り強くしなやかな対応」
    依然として進展する東京一極集中からの脱却
  「インフラを賢く使う」
    既存ストックを最大限に活用。対流基盤としてインフラを高度化

⑦ 社会インフラ（交通・水・道路・防災）

頭脳化された「スマート・インフラ」への進化を促進

効率的・効果的な維持管理の実施

機能連携、用途変更、統廃合等を実施

以下、本項では、

ICT の劇的な進歩、AI の発達を視野に入れて、社会・産業・交通システムがどのように変化していくのかを見定めて、世界がこれまで経験したことのない超高齢化社会において、安全・安心な国土を実現するための社会インフラに関わる戦略を考える。

2. 発展基盤PJ（プロジェクト）

明治維新から 150 年が過ぎようとしている我が国において、今後 100 年先の世の中でどのような社会基盤が求められるかについて考えてみたいと思う。

以下、本項では 100 年先に求められる社会基盤を「発展基盤」と呼ぶ。

（1）20 年前の「提言 PJ」のアップデート

現在から 20 〜 30 年先の、インフラ整備の将来を推し量るために、20 年前に、20 年後に向けて当時必要とされる PJ を筆者のグループで提言した 22 項目の「提言 PJ」の現時点における達成度・進捗状況をアップデートすることにより、現時点で計画する 20 〜 30 年後の PJ が 2050 年において、どの程度達成されるかを推論する。

【国土・都市】

①首都機能移転

国会決議・移転先調査等周辺環境は前進したが、政府機能の部分的地方移転が数例実現したに留まっており、東京への一極集中はさらに加速している。

②東京の防災性強化事業

阪神・淡路大震災、東日本大震災を経て全国においても、東京においても、国土強靭化というスローガンのもと、学校・病院・自治体の庁舎等、公共施設の耐震強化は進んできた。しかし、大災害を引き起こす元凶ともなると予想されている「木造密集地」の防災強化は遅れている。

③都市の風格復活事業

地方都市において、お城の耐震化等、観光の目玉として地方活性化を狙った事業が多く展開されるようになった。また、2016年の都知事選において、電線の地中化促進が公約として挙げられ、推進しようとする機運は出てきた。

④国際観光地化作戦

長期にわたる円安傾向、中国観光客の急増に下支えされ、我が国を訪れる外国人観光客は大幅な伸びを示している。また、この傾向は新幹線に新ルートが開業すると、国内観光客も巻き込んで、地方都市へも広がりを見せている。最近では北陸新幹線の開業による富山・金沢等への観光客の飛躍的な伸びが挙げられる。

⑤臨海工業地域の近代産業拠点化作戦

過去20年間は、バブル崩壊・アジア近隣諸国の産業における台頭等我が国の基幹産業にとってマイナスの要素が多く、臨海工業地域においては、生産施設の解体・撤去が進んだ。

その跡地には、物流倉庫等が進出しているが、新しい産業拠点としての整備は進んでいない。

⑥地域自立化作戦

少子高齢化の進展を視野に、コンパクトシティ実現のための施策は地域に多くみられるが、大規模災害復旧を含め、公共事業主導の地域経済からの脱却は図られていない。

⑦領土保全

沖ノ鳥島の保全は、岩礁保護工事も継続しているが、最近では中国・

韓国との間に、複数個所で領土問題が頻発しており国際紛争ぼっ発の危険性も指摘されている。

【鉄道】

⑧通勤鉄道サービスの国際水準化計画（都市鉄道整備）

過去 20 年間に JR・私鉄の複々線化工事や、連続立体交差工事等が進展し、旅客サービス水準も向上した。また、複数の私鉄が乗り入れする地下鉄新線の開業、JR 貨物線の活用による首都圏新都市鉄道の開通等により、通勤・通学時の混雑は大幅に緩和されてきた。

⑨中央新幹線

既に着工し、2027 年の完成に向け PJ は推進される。今後の興味は、在来新幹線未整備区間の着手、中央新幹線の大阪開業前倒しに移行する。

⑩圏央道沿いの高速鉄道整備

旧国土庁が 1980 年頃に起案した、首都機能一極集中解決策の一つとして提唱された「業務核都市」のポテンシャル向上を目指した構想であるが、産業・人口集積が進まず、未整備のままである。

⑪東海道貨物線の旅客線化

JR は貨物線に限らず、低度利用路線をネットワーク化することで、付加価値向上に繋げている。未整備は羽田空港接続。

⑫開かずの踏切の抜本的解決

私鉄・JR 共に多くの路線で工事が進捗している。今後も継続して多くの路線で計画されている。

⑬大規模ターミナルと周辺都市開発

過去 20 年間で、新宿・東京・渋谷・池袋・有楽町・西日暮里等鉄道を中心とする交通結節点での駅改良・周辺部整備は進み、さらに将来に向けて、品川、品川新駅等中央新幹線開業に向けての整備が着手されている。

【道路】

⑭道路環境抜本改善計画（各種地下道路）

旧建設省で構想した地下物流ネットワークは、その機能を「地下鉄」に移し、2016 年 9 月から都内で社会実験がはじまった。

オリンピック期間中の都市内への物流を担うことにより、ドライバー不足への対応、CO_2 削減効果、渋滞解消等をアピールし、将来、地下鉄による物流は新しい都市インフラとしての定着を目指す。

20 年前に構想されていた地下道路は、中央環状新宿線・品川線で首都高速道路により実現された。

⑮幹線道路の駐停車車両対策と駐車場整備

路肩の拡幅・一時駐車施設整備等のハード施策と、違反摘発が奏功し、大幅に違法駐車問題は解決に向かっている。また、公共駐車場整備も一段落し、最近ではカーシェアが台頭して、所有から使用への流れが加速している。

⑯交通事故半減作戦

交差点立体化、ITS システムの普及等により交通事故は大幅に減少してきた。

最近では、ヒューマンエラーを機械がカバーする自動運転、さらには無人運転へと技術は進歩をとげようとしている。

【空港・港湾】

⑰首都圏第三空港構想

成田空港・羽田空港の空港容量不足を背景に首都圏に新空港を建設する構想が持ちあがっていた。しかしながらバブル崩壊を機に、国内・国際共に各空港を利用する旅客の伸びが鈍化し、一時的に本構想は下火になった。

その後、石原慎太郎都知事の時代に羽田空港の四番目の滑走路整備・再国際化という形で構想は実現した。

最近では、国際線旅客増加に伴い、羽田第五滑走路増設の機運が高まっている。

⑱海上物流活性化作戦

阪神・淡路大震災を契機とし、国際海上物流における日本国内の港の地位は長期低落傾向となり、近隣東アジア諸国に大きく水を空けられている。円高に伴う輸出産業の低迷もあって、最近では日本に寄港しないという選択も増えている。

コンテナ船の大水深化、第二パナマ運河の開業等、国際海上物流を取り巻く環境は、目まぐるしく変化してきている。

今後は大水深岸壁の早期整備により、東アジアに点在する大規模港湾に匹敵する港湾施設の規模拡大が望まれる。

【その他】
⑲郊外ショッピングセンターの複合モール化

御殿場・軽井沢等ファクトリーアウトレットモールは全国的に最盛期を迎えている。ほとんどが高速道路インターチェンジ（IC）近傍に立地していることから、施設周辺部に休日の大渋滞を起こしており、解決が望まれる。最近の新聞報道によると、大規模遊園地等への高速道路との直結を可能とする検討も進んでいる。

⑳GPS基準局の2万点増設

過去20年間にICT技術は飛躍的な伸びを示し、国民生活にも深く浸透してきている。中でも、IoT対応技術、ロボット、ドローン等広い意味でAIを活用する技術へと進んでいく。

㉑高分解能リモートセンシング

天気予報の精度向上等、民生用の技術が飛躍的に向上した建設分野ではi-コンストラクション推進の動きが加速している。

㉒化学兵器処理（中国）

20年前には2007年までに廃棄完了という期限を切られたことから、半官半民の組織が新設される等、ビジネスチャンスと捉えた民間会社の技術開発が盛んに行われた。その後、中国主導で廃棄処分するという方針が示されたことから、日本国内での関連報道はほとんどな

されないまま、今日に至っている。

(参考) 実現が期待される首都圏中心の大型プロジェクト

- 新物流システム（都市内・都市間）

　都市間は、第二東名・名神高速建設時に同時整備し、都市内は無人の専用走行路を新設する計画であったが、実現に至っていない。しかしながら本構想検討を発端として、自動運転・地下鉄物流へと繋がっている。

- ITS システム

　高速道路会社の管理する道路を対象にすると、ETC 利用率は約90％となっている。

　今後は ETC の高度化や、AHS の実現等へと向かっていく。

- 大深度地下鉄道

　大都市間に建設される、中央新幹線では、大深度法を活用した位置に鉄道建設がはじまろうとしている。一方、首都圏の地価高騰を背景に都心から 100～150km 圏に優良な宅地開発とセットで鉄道新線を建設する構想は、地価急落により白紙となった。

- 東京湾口道路（長大橋梁）

　公共事業費総額が圧縮されていること。整備優先順位が低いこと。アクアラインが整備されたこと等から、将来的にも実現は困難と考えられる。

- 第二湾岸道路（首都高速）

　この 20 年間構想のままの熟度で推移している。当面は実施計画に移行しない。

- 首都圏第三空港

　羽田空港の 4 本目の滑走路ができて、24 時間空港化実現・国際空港としての拡張整備も進んでおり、当分は新空港建設には進まない。むしろ管制技術の高度化を取り込んで、羽田空港のさらなる拡張へと進む。

⑦ 社会インフラ（交通・水・道路・防災）　｜　149

- エイトライナー（メトロセブン）

　少子高齢化傾向にあり、一方、環七・環八道路下に整備することから、工事費の高騰も予想され、実現は厳しいと考えている。
- 港湾拠点のネットワーク構想

　東京湾内、各港湾の荷物扱い量が大幅に減少していることから、各港湾の整備は必要であるが、バックヤード不足解消も狙った、ネットワーク施設整備は、構想のままである。

(2) 2050年の道路・鉄道プロジェクト

　(1) 20年前の「提言PJ」のアップデートを通して、現在新たな社会基盤として整備されているプロジェクトは、当時から構想・計画されていたもので、着実に成果を上げている。同様に、交通インフラの代表として現在計画されている鉄道・道路プロジェクトの2050年時点での達成度を予測する（ここでは、整備計画が策定されているか、工事が開始されている確実な状況把握のため、2030年時点での整備状況を整理する）（図3-7-1～2参照）。

「道路PJ」

図3-7-1　2030年の交通インフラ整備状況①［道路］

「鉄道PJ」

図3-7-2　2030年の交通インフラ整備状況②[鉄道]

以上のように、国内における主要な鉄道・道路プロジェクトは、2030年で概成する。

(3) 発展基盤

100年先に必要と考えられる「発展基盤」を考える前に、少子高齢化という現実を踏まえて、我が国の国内動向と「都市と地方の目指すべき姿」について整理する。

図3-7-3　国内動向

⑦ 社会インフラ（交通・水・道路・防災）

高度成長期に過度に発展した都市、都市への人口流出の結果、過疎化が進む農村・漁村。
　それぞれを補完する大胆な相互依存のシステム、バランスの取れた関係の構築が望まれる（図3-7-3参照）。

図3-7-4　都市と地方の目指すべき姿

　都市は国際競争力向上を目指し、物流・交通ネットワークを強化し、情報発信できる都市を目指す。一方、地方は食料供給地、環境・防災対策のフィールドとして整備する（図3-7-4参照）。

1）発展基盤に求められる重要なキーワード

①交通革命・情報革命を取り込んだ行政単位の大ブロック化

　東京・大阪間に中央新幹線が開業している100年先には、現在の47に細分化された行政単位はなじまない。道州制には賛否両論あるものの、少子高齢化・税収減の予想を踏まえて、行政単位の大ブロック化は避けられない。

　我が国を、8～10のブロックに分割した場合、それぞれがヨーロッパの一国に相当するGDPを有していることから、ブロック単位での自立は十分可能と考えられる。

　22世紀に向かい、世界は都市単位で直接の連携を加速する。

②老朽インフラ延命化と、交通のインテリジェント化

高度成長期に地方都市をも巻き込んで、都市域はスプロールした。その結果、現在全国に橋梁は70万橋が整備され、そのうちスパン15m以上の橋梁は13万橋存在する。供用50年を経過する橋梁数は、年々増加する状況である。今後は富山市のようにコンパクトシティを標榜することになるが、点在する都市外縁部への道路を分断することになる橋梁の除却は進まない。既に全国で荷重制限をしたり通行止めとなっている橋梁も多くなってきている。

両方の課題解決の方法として、AIを用いた配車プログラミング化、自動運転等の組み合わせにより、小型・軽量の無人デマンドビークルを地方都市に展開する。

これにより、すべての道路交通に対応する主要道路は量的に絞り込んで、メンテナンス・フリー橋に更新し、点在する民家への道路に架かる中小橋梁は荷重制限して無人デマンドビークル専用として延命化することにより、最低限の利便性は保証する。

この施策は、メンテナンスにかかる費用を抑えると同時に、高齢化による交通弱者救済にも繋がる。

③低炭素社会形成のための、インフラ整備への要請

世界的な異常気象の元凶は、地球温暖化ガスの急増にあると言われており、産業革命以降わずか150年間で異常な伸びを示している。今後、発展途上国の経済活動活発化および、人口爆発によりさらに事態は悪化が予想されている（**図3-7-5～6**参照））。

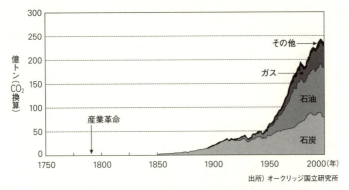

図3-7-5　燃料別に見る世界の二酸化炭素排出量の推移

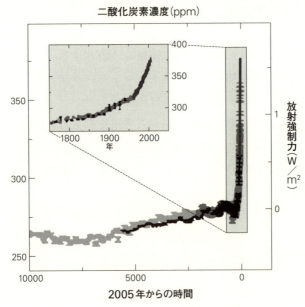

図3-7-6　大気中のCO$_2$濃度の経年変化（過去1万年）

　低炭素社会形成のために、インフラ関連産業界に要求されると考えられる項目を以下に箇条書きしてみる。
- 省資源・省エネルギーの徹底
- 都市のコンパクト化とインフラの取捨選択

- AI，IoT 活用による省人化・省力化
- 建築構造物・土木構造物の長寿命化実現
- 新築・更新時・施工中等ライフサイクル全般に亘る $LCCO_2$ の評価

その中から「環境に優しい施工法の一例」と「環境重視の都市インフラライメージ」を例示する。

「環境に優しい施工法の一例」

横浜の造船所で、大型バージ内に下水処理場施設を構築し、同じ時期に熱海では海上から基礎工を施工。横浜から曳航したバージを湾内に引込み沈設。その後外周部を埋めて完成。

現地での工期を大幅に短縮し、ダンプやコンクリートミキサー車等の道路使用も最小限に抑えることができる、$LCCO_2$ 最小とする施工が 35 年前に実現している（図 3-7-7 参照）。

図 3-7-7　マーケットから見た技術開発ニーズ

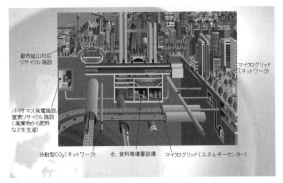

図3-7-8　総合的な見地からソリューション提供を目指す

「環境重視の都市インフライメージ」

都市部においても、これまで整備されたインフラを取捨選択し、100年先の子孫に残す新しいインフラを総合的な見地から整備する（図3-7-8参照）。

2）発展基盤例

例❶　鉄道（100年前に整備された山手線のような鉄道）

今後は少子高齢化時代を迎え、都市部における人の移動時間短縮が急務となる。

つまり、移動時間の短縮により捻出される可処分時間が、一人一日の労働時間の増加に繋がる。総労働人口が減少しても一人一日の労働時間が結果的に増加すれば、人口減少の影響を最小限とすることができる。

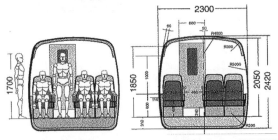

図3-7-9　「2地点間をシャトルで高速運転する小断面地下鉄」

着席しての乗車を基本とし、小断面化することにより大幅なコストダウンを目指す（**図3‐7‐9**参照）。

例❷　鉄道（中央新幹線のような超高速鉄道）

東京から大阪までの中央新幹線は、今世紀半ばまでに概成する。一方、全国新幹線鉄道整備法により計画された路線は2050年時点でも日本海側を中心に未整備路線として残ると考えられる。しかしながら、中央新幹線開業は50年に一度の交通革命であり、その主要都市である、東京・名古屋・大阪をそれぞれ起点とし、道州制検討時に示された広域行政区を放射状に結ぶ「小断面リニア新幹線」の整備が優先される。

例❸　鉄道（地下鉄物流；鉄道は旅客と貨物）

東京を例に取ると、大部分の地下鉄は私鉄の郊外線との相互乗り入れを行っている。現在、通勤・通学のために複線化工事等により、輸送力は向上を続けている。一方、放射状に配置されている高速道路は、物流トラックの増加により、慢性的な渋滞に陥っている。

将来的には、少子高齢化により、旅客の大幅減が予想されており、既存インフラ活用の意味からも、またドライバー不足解消という面からも鉄道による物流が復活すると考えられる。

⑦ 社会インフラ（交通・水・道路・防災）　│　157

1. 地下鉄網を活用した物流イメージ

従来の物流　　　　　　地下鉄網を活用した物流

2. 物流における課題認識

- 貨物車による CO_2 排出
- 燃料の高騰による物流コストの増大や、一つの輸送手段に依存することによるサプライチェーンリスクの対策
- 貨物車ドライバー不足による物流サービス低下の恐れ
- 都心の荷捌き場の不足
- 物流ネットワーク整備上の課題
  ― 非効率な輸送状況（トラック積載率40%程度）
  ― 共同配送の更なる必要性
- 道路交通網の麻痺等災害時における物流対策

3. 今構想の意義・必要性

① **環境負荷の小さい物流体系への転換（モーダルシフト）**
- 貨物車による渋滞の解消、環境負荷（大気汚染、騒音、振動）の軽減

② **地下鉄ネットワーク機能を最大限発揮させることによる物流効率化**
- 地下鉄の既存ストックの有効活用
- 利便性向上、コスト縮減への寄与、企業の社会貢献
  （ユーザー、物流事業者、鉄道事業者）

③ **安全・安心への寄与**
- 貨物車による交通事故の低減
- 災害時における物流ネットワーク機能回復への寄与（維持・代替・早期回復）

4. 車両の検討

- 人と兼用（車両は別）　　・車両内の荷物配置レイアウト案

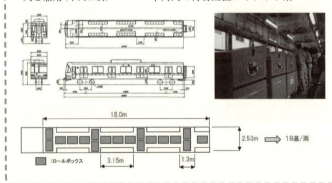

例❹　都市開発

都市部においては、今後も都市開発および都市再開発が継続される。諸外国の例を見るまでもなく、建築物がランドマークとして認められることが、今後の観光立国を目指す我が国としては重要であるが、ここでは、立地多様化対応事例を紹介する（図3‑7‑10～11参照）。

図3‑7‑10　「大規模駅舎上空を有効利用した都市再開発例」

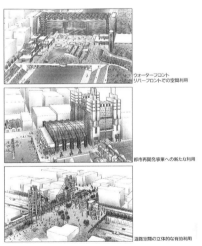

図3‑7‑11　「新たな発想による未利用空間活用例」

⑦　社会インフラ（交通・水・道路・防災）　｜　159

例❺　その他
①農林水産業振興策

日本は食糧輸入によって、海外に水資源を依存している。将来的には食料安全保障の観点と、水資源確保のための施設新設も必要と考えられる(図3-7-12参照)。

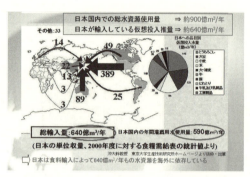

図3-7-12　日本の仮想投入水総輸入量

「食料自給率向上のためには、水資源確保が必須となる」

農業の衰退により、利水・治水ダムは不要という誤った認識が広まっているが、水資源確保のための施設整備は、災害列島日本の国土強靭化のためにも継続すべきである(図3-7-13参照)。

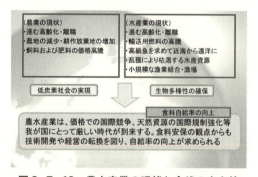

図3-7-13　農水産業の現状と今後の方向性

大胆な発想であるが、国内の複数の先端技術を組み合わせることにより、漁業は6次産業として、復活する（図3-7-14参照）。

「水産業は栽培型漁業も視野に再興を目指す」

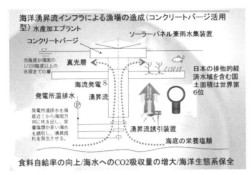

図3-7-14　今後の漁業の方向性

②人口爆発対応の栽培型漁業

世界の人口は、発展途上国を中心に爆発的な伸びを示す。世界的には食料増産という重い課題が課せられると考えられる。我が国は高度な技術の蓄積で貢献する。

人工海水製造システム技術を応用して、内陸部に超大型栽培型漁業施設を展開する。

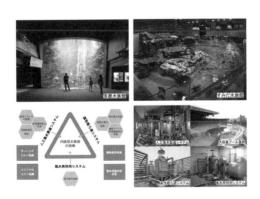

⑦　社会インフラ（交通・水・道路・防災）　|　161

各論⑧ スマートタウン、
電子マネー（仮想通貨）

　2050年の住宅・生活はどうなっていくのか。我々はどのような生活を目指していくのか。

　本項の前半では、文明という言葉の一面を「人類がエネルギーを活用して、より快適に暮らすこと」と定義してみた上で、それによって衣食住がどのように変化してきたかを考察する。また、ソフト面から、スマートハウス・スマートタウン・スマートコミュニティという言葉で示されてきた生活の高度化について、現代の我々の生活を形作ってきた歴史をエネルギーと情報の面から振り返った上で、いま我々の前にどのような可能性が広がっているのか、その中で我々は何を選択していけばよいのかを考えてみたい。

　後半では、新たな技術の枠組みの中で貨幣の機能が様々な媒体にとって代わられる可能性について考察する。日本では電子マネーと呼ばれるが、従来の電子マネーと電子コイン（仮想通貨・暗号通貨）については別のものとして議論する。

1．スマートなエネルギー活用

(1) 文明＝エネルギー消費という一面

　古来人類は、ものを燃やすことで光と熱を得て、照明や食料の煮炊き、また金属等の加工によってより高効率な道具の生産を行ってきた。また食糧生産や物流においては馬や牛等の家畜を動力源として生産性の向上を図ってきた。

　18世紀に入ると蒸気機関が発明され、熱を動力に変えることが可能になった。石炭を燃やして水を蒸気に変える際の熱膨張を運動エネ

162 ｜ 第3章 各論

ルギーとして利用し、大きな回転運動を得ることで様々な工場の加工工程を安定的に稼働させることができるようになったのである。

19世紀には電池が発明され電気の利用がはじまるが、電池で発生させる直流の電気をその場で使う範囲に限定され、広範囲で大量に電気を使うことができるようになるのは19世紀末に変圧器が発明され、交流同期電力の長距離送電が可能になってからであった。ここで初めてエネルギーの利用が地産地消から解放され、大規模集中発電所で得られた電気を広範囲な需要地で小規模分散利用ができるようになった。

当初は、発電所で発生させた動力エネルギーを電気という媒体を介して需要地でも動力として使えるようにした点が革命的であったが、同じ時期に電球が発明され、動力だけではなく照明用にも電気が使われるようになった。それまでは灯油やガスを明かりが必要とされる場所で燃焼させて光を得ていたものが、遠隔地で発電された電気を使って明かりが必要とされる場所で光という形に変えて使うことができるようになった。ここに動力以外の利用がはじまった。

20世紀は無線通信・ラジオを皮切りにエレクトロニクス機器を動作させることが電気エネルギーの利用方法に加わった。その後、エレクトロニクス機器が真空管から半導体へと置き替わると、トランジスタから集積回路へと処理能力の向上は等比級数的に加速し、今ではあらゆる機器にエレクトロニクス技術が組み込まれているといっても過言でない。同時に、現代先進国で暮らす人々の生活は、朝起きてから夜寝ている間まで、何らかの形でエネルギーを使い続けることで成り立っていると言える。

(2) 通信・メディアの進化

エネルギーの消費が文明の一面であるとすれば、コミュニケーション技術の発展による智慧の伝承は文化を支える根幹である。

東アジアでは古くから紙が活用され、写本という方法で世代間のコミュニケーションが行われ、知恵と文化が伝承されていた。我が国においても、現代の我々が古事記・日本書紀から平安時代の日記文学や

随筆、戦記に至るまで当時の活き活きとした筆遣いに触れることができるのも、先人が紙という超長期保存が可能な媒体で言葉を残してくれたお蔭である。

近代のコミュニケーションの起源は新聞の発生にさかのぼることができよう。欧州においては17世紀にイギリスで週刊新聞が発行され、17世紀半ばにはドイツで日刊紙が発行された。イギリスでは新聞を置くコーヒー・ハウスが発生し、貴族が政治談議を行うサロン・論壇の役割を果たした。日本では瓦版が新聞の起源とされるが、これも最古のものは17世紀初頭に大坂の陣を報道したものが最古とされている。

19世紀の後半になると、印刷技術の進歩と共に今の新聞に近い形の日刊紙が創刊された。いわゆるマスコミュニケーションのはじまりである。その後、マスコミュニケーションは文字媒体だけでなくラジオ放送やニュース映画を通じた音声・映像を介したものに拡大し、20世紀半ばからは媒体にテレビ放送が加わった。

ここまでのコミュニケーションは、発信側から受信側への一方通行であったが、1990年代にインターネットが民間に開放されると、コミュニケーションは発信側・受信側の双方向となった。そして2000年頃からはSNS（Facebookに代表されるソーシャル・ネットワーキング・サービス）が台頭した。SNS自身は情報発信を行わず、ユーザー間で情報交換するためのプラットフォームを提供する。従来のマスコミュニケーションと異なり、情報の受信者であったユーザー側が情報の発信者となり、その媒体となることが新時代のメディア事業の柱となった。

(3) 大規模集中発電から再び地産地消へ、そして地産衆消へ

先に述べたように、19世紀末に電力をエネルギー伝達の媒介として利用するようになってから、遠隔地の大規模発電所で得られたエネルギーを送配電線の末端で使うことができるようになった。これは素晴らしく便利な方法で、大型の高効率施設で発電した電気を何十万何

百万という家庭や職場で、必要なときに必要な量だけ使うことを可能にするものであった。家庭や職場でより快適な暮らしや作業を実現するためのエネルギー消費は、あたかも水が上流から下流に向かって支流に分かれながら流れるように遠隔地大規模発電所からカスケード型で配給されるものになり、消費する場所でいちいちエネルギーを取り出す「地産地消」から消費者は開放されたのである。

　その際、エネルギーを電気という簡便な形で使うための発電は、大気中で燃料を炎の形で燃やしその一部を熱源として使う方法が採用されてきた。水力発電以外の発電方式の大半は、水を熱で蒸気に変え、その膨張エネルギーを回転動力として取り出し発電を行うという形態である。

　もし、我々の住む世界に化石燃料が無限に存在し、化石燃料を燃焼させた際に排出される温暖化ガスや廃熱・放射性廃棄物を無限に吸収する環境があるならば、これまで通り高効率大規模集中発電所で発電した電気を広く分け合いながら使うという方法が優れていたかもしれない。ひたすら発電・送電の効率化と大規模化を追求すればよかったのである。しかしながら、そのような無限の環境は存在せず、人類のエネルギー消費肥大化の影響は自然環境にとって無視できない規模になった。気候変動の顕在化は、我々が大気中に排出する温暖化ガスや海表面に流す廃熱が、地球環境の安定を脅かす規模になってきたことに警鐘を鳴らしている。今後、インドをはじめとするアジア諸国やアフリカ諸国の生活でも電化が進めばこの傾向はますます強まり、従来の延長線上の方法で経済活動の規模のみを拡大することは不可能となろう。

　これに対して、我々が21世紀初期の段階で既に手にした革命は、まず回転動力源の多様化である。従来の水という流体の持つ位置エネルギーを運動エネルギーに変える水力発電と同様に、空気という流体の大気中の気圧の差というエネルギーが風という運動エネルギーに変わったものを風車で回転運動に変えるという方法である。風力発電で

⑧ スマートタウン、電子マネー（仮想通貨）　|　165

ある。さらに燃料を燃やすという方法でなく太陽光から直接熱を取り込み、蒸気を発生させるという方法で水蒸気を発生させる方法も開発された。これは、ソーラー・サーマルと呼ばれる。加えて、半導体に太陽光を当てて直接的に電子を励起させ、半導体の性質を利用して正極と負極の間に発生する電位差を集めて電力を得ようという方法も手にした。これがいわゆる太陽光発電(Photovoltaic)である。

電気というエネルギーの媒体を介して必要なときに必要な量だけのエネルギーを使い、光・熱・動力を得、エレクトロニクス機器を動作させるという現代文明の枠組みはあまりに便利であり、当面の間、多少のことでは変わらないと思われる。今後さらに発展する科学技術の多くは何らかの形で電気を利用するものにならざるを得ない。従って、何らかの形でエネルギー供給の方法を変え、環境へのインパクトの少ないものにする必要がある。これは別の章で議論されることであるが、恐らくそれは発電のポートフォリオの組み替えを意味し、多くの先進国でそのような取り組みは21世紀初頭の段階で着手されている。

風力や太陽光等の活用が既にはじまっているが、風力については従来の遠隔地大規模発電の代替となろう。新しい発想が必要になるのが太陽光発電の発電システムポートフォリオへの組み込みである。太陽光のエネルギーが膨大なものであることは周知の事実である。しかしながら、このエネルギーは極めて薄く広く注がれている。このため、従来の発想とは逆に、分散して地球に注がれる太陽光エネルギーを分散する発電機で捉えて無駄なく使うことが必要になる。

メガソーラーと呼ばれる形態で、更地に太陽光パネルを敷き詰め一定の電力を得る方法も財政支援を含む促進策により進んだが、本来この政策の目的は人為的に太陽光パネルの需要を引き上げ、大量生産とラーニング効果によって製造コストを引き下げることが目的であった。しかしながら、設置可能な場所には限りがある。赤道直下の地域でメガソーラーは投資として十分なリターンを上げる事業として成立しつつあるが、豊かな熱帯雨林を切り拓いて数十メガワット規模の太

陽光発電所を建設した場合、失われた熱帯雨林が本来吸収していた温暖化ガスが吸収されなくなるマイナスの効果を勘案すると、メガソーラー建設による温暖化ガス排出削減効果のうち相当部分が失われる。それにも増して、生命多様性の宝庫のような熱帯雨林を発電所建設のために切り拓いてしまうことは、焼畑農業にも匹敵する環境破壊ですらある。

　このように考えると、風力の次に有望と思われる太陽光ではあるが、その活用場所としては、まず既に建物を建ててしまった場所、すなわち住宅やビルの屋上に設置することが最も環境負荷の少ない方法となる。その多くは電力を消費する最終需要家でもあり、再び地産地消のエネルギー消費がモデルとして復活する。しかしながら、太陽光発電によって得られる電気は、日中しか発電せずその日中においても天候の影響で変動が大きく、加えて季節変動も大きい。従って、設置者が自家発電として使い切ろうしてもおのずと限界がある。多少の蓄電池を設置しても発電量と消費量の季節間ミスマッチを埋めるには不十分である。逆に、今後普及が見込まれる燃料電池（水素発電）は、需要の変動に関係なく定格で運転し続けることが必要であり、こちらも需給ミスマッチに対するバッファーが必要になる。

　その行先にあるのは、需要家ごとの自家発電自家消費による地産地消ではなく、需要家ごとに設置する分散電源を当該需要家だけでなくその周辺のコミュニティやより広域全体で無駄なく使うという方法、いわば「地産衆消」とも言える発電・消費形態ではなかろうか。いずれにしても、これまで上流から下流に電気を流すことに特化してきたネットワークのあちこちに分散電源が置かれるようになることは、従来型の発電方式が環境に与える負荷を抑制するためには不可避であろう。

　既に、このような方法に向けては IEC（国際電気標準会議）や IEEE（米国電気電子学会）が「マイクログリッド」の標準規格を見据えたシステム評価に着手している。また、米国でもニューヨーク州が州知事の

⑧ スマートタウン、電子マネー（仮想通貨） | 167

リーダーシップのもとで、REV4NY（Reforming the Energy Vision for New York）という実行計画を策定し、地元電力会社である Con Edison を中心に「次世代送配電網」の構築に着手している。いずれのイニシアチブも、排ガス廃熱の少ない再生可能エネルギーや、廃熱を単に海洋投棄せず有効活用する燃料電池のような分散電源を可能な限り有効活用しようとするものである。21 世紀半ばに向けて、先進国での生活はこれらの社会インフラシステムのトランスフォーメーション（変革）を参加者である個々人が、ある人は自宅への太陽光発電装置や蓄電装置の設置を受け入れ、ある人は近隣で発生した余剰電力を優先的に消費し、それぞれの方法で社会全体が生活の質を落とすことなくエネルギー消費に伴う環境負荷をできる限り減らす努力をするようになるであろう。

(4) 電力事業においてもプラットフォームの提供が事業の柱の一つに

これまで見てきたように、エネルギーを消費するという文明の根幹は、19 世紀末から電力会社という業態が大規模発電を一手に担い、需要家たる産業界や家庭に対する安定供給を確保することによって支えられてきた。この上流から下流へという一方通行の電力サービス提供が、分散電源活用の拡大に伴い双方向の電力の流通へと進化していく。

また、技術革新が進んだ蓄電技術のお蔭で、送配電線を使った双方向の電力相互融通は送電側・受電側双方定格で行うことができるようになる。これは実証ベースでは既に確立されており、普及すれば再エネを中心とする分散電源からの電力を地産衆消する際、配電網で送電量と受電量のインバランスを生じさせることはなくなる。19 世紀以来電力会社は、特に家庭用や商業用の電力に関して、実際に使われてみて初めて使用量が判明するという取引に甘んじてきたが、これからは注文に応じて個別にデリバリーすることも可能になる。従来から大口取引についてはある程度行われて来た事前ネゴシエーションが技術

の発展によって、より小口の取引においても可能になることを意味する。もちろん全契約者にこのような双方向の受送電装置が設置されるには時間がかかるであろうが、国産の分散電源活用にシフトするという政策が明示されれば可能なはずである。これまでにも公共インフラのトランスフォーメーション（業態転換）の例は、地上放送をアナログからデジタルに切り替えた際等に見ることができる。

　このような分散電源由来の電力が系統の末端で双方向取引されることは、電力会社にとって脅威であったり敵の出現であったりするのだろうか。答えは否であろう。確かに、旧来からの遠隔地大規模発電所にとっては、別の発電方式が需要地そのものに出現し大規模長距離送電も必要なく需要家に電力を供給するのであるから、脅威であり敵の出現となる。他方で、そのような小口分散した主に再生エネルギー由来の電力を有効活用するためのインフラを提供するプラットフォームビジネスという事業は、新たな収益機会となるはずである。

　技術革新を積極的に受け入れて発展した例として、もう一度通信・メディアの業界に目を向けてみると、業態転換成功の事例が浮かび上がる。コミュニケーション技術の発達によって個別のユーザーが情報の発信側・受信側の双方となり、従来の配給型の情報提供とは格段の速報性で現場情報を提供できるようになった。2010年代半ばの時点で、広告はマスメディアを通じたマスへのコマーシャルメッセージの発信から個別のターゲット顧客に対するカスタムメイドのメッセージ発信へと移行しつつある。コミュニティ内のコミュニケーションも、回覧板や広報誌といった従来の紙媒体から電子ツールに移行し、ハードとしてのPDP（スマートフォン）とソフトとしてのSNSがプラットフォームを提供することになる。確かに、映像コンテンツ制作という観点からは、いつでも現場から生々しい映像が届けられるSNS経由のコンテンツはメディアにとって脅威であったかもしれない。しかし、そのコンテンツの裏を取る取材力は従来からのコンテンツ制作部門の強みであろう。何より、コンテンツを流通させるというビジネスの観

⑧ スマートタウン、電子マネー（仮想通貨）　|　169

点からは、PDP・SNS の普及は事業機会の爆発的な拡大である。同様の変化と可能性がエネルギー業界の目の前に広がっている。

　逆に、目の前の可能性を否定して衰退してしまった例として、米国の鉄道業界が古典的な例として挙げられる。本件を 1960 年に発表された「マーケティング近視眼」（レビット）から引用すると以下のようになる。曰く、

「鉄道会社が成長を停止したのは、旅客と貨物の輸送に関する需要が減ったためではない。需要は増え続けている。今日、鉄道会社が危機に見舞われているのは、旅客と貨物の輸送が他の手段（自動車、トラック、航空機または電話にまで）に奪われたためではなく、鉄道会社自身がそれらの需要を満たすことを放棄したからである。鉄道は自らを輸送事業と考えるのではなく、鉄道運行事業と考えてしまったために、自分の顧客を他へ追いやってしまった。なぜ事業の定義を誤ったかというと、輸送を目的と考えず、鉄道運行が目的だと考えてしまったからなのだ。すなわち、顧客中心ではなくて、製品中心であった。」

　現在、従来からの電力会社の一部に再生可能エネルギーや分散電源の導入を敵視する向きがあるが、これは自らの事業の定義を誤っているとしか言えない。本来、現在の電力会社は自らをエネルギー・ネットワーク運営事業と定義すべきところを、大規模発電所運営事業と誤って定義してしまうと、すべての再生可能エネルギーや分散電源は敵となってしまう。長年の取引のある顧客のエネルギー需要は堅調であり、世界に目を向けると今後何倍にも拡大しようとしているにもかかわらず、長年の取引先の求めているものを提供せず、従来のプロダクトだけをプッシュアウトしようとしていることになりかねない。

(5) そして

　電気という極めて便利なエネルギー媒体を標準規格化した形態（例えば 100 V 50 Hz）でネットワークを経由して社会全体で使うという

方法は、20世紀が生んだ社会システムとして特筆されるべき革命であった。おそらく、この電気というエネルギーの活用法は21世紀を通じても大きく変わることはないであろう。進化するのは発電方法のポートフォリオであり、需要量の変動を直接遠隔地大規模発電所の負荷変動に同時同量で対応させてきた消費方法である。それらの進化を可能にするために、送配電のネットワークが進化していくことになるが、それとて金属の導体でネットワークを構成するという方法を根本から変容させる必要は、少なくとも当面はない。これまで人類がダム水力や化石燃料燃焼を行う遠隔地大規模発電所から一方通行で配給するという方法で、電気をエネルギーとして使うという「練習」をしてきた際に開発されてきた機器や技術の多くを活用すれば実現できる。その気になりさえすれば、顧客のネットワークを押さえている電力会社や、液体燃料の流通網を押さえている石油会社は、次世代の再生可能エネルギー・水素活用社会においても中心的なプレーヤーでいることができる。

(6) エネルギーをエレクトロニクスで活用した豊かな暮らし

エネルギーを利用した豊かな生活は、元来哺乳類として人間という種が持っていた能力を退化させてきたのではないかという議論がある。ある部分正しいかもしれない。感覚を研ぎ澄まして何かを感じようとする力のようなものが、本来は人間に備わっていたはずであるが、豊かな生活の目指すところが単に怠惰な生活ということであればそれは退化を加速するのかもしれない。

他方、今後のエネルギーの使い方次第では、人間の持つ能力を拡張し、退化させずに復活させることに使われる日がくるかもしれない。実際、これまでエレクトロニクス技術を活用して製品化されてきたものの多くは、見方によっては人間の能力を拡張するものであったし、誤解を恐れずに言うならば超能力と考えられていたものを実現するものであった。ニュース・映画・ラジオ・テレビは古来千里眼と呼ばれた能力を一般大衆に与えた。同様に、衛星通信技術やデータ処理技術

⑧ スマートタウン、電子マネー（仮想通貨） | 171

の発達は天候に関して予知能力に近いものをもたらし、SNSによっ
てテレパシーやテレポーションに近いことが可能になった。ロボット
スーツを医療に活用すると、脳からの神経信号を受けたロボットスー
ツの動きから、それを装着した患者が自らの肉体でフィードバックを
受け、機能を回復させるということも可能になっている。

　今後のテーマも本来人が持っている能力の拡張であると考えられ
る。哺乳類の中で人類が優れている能力として、相手の気持ちや置か
れた状況を察する力、相手に自分を信頼させる力等がある。これらを
実現するのが仮想現実（VR）と呼ばれる世界である。今のところVR
はゴーグルを通した360度映像というコンテンツがゲーム機等で使
われはじめたところだが、個人的には今後次世代の報道等にも応用さ
れるのではないかと見ている。他人の視野に入りきって、その周囲を
観察するという手法はスーパーセプションと呼ばれているが、一種の
バーチャル憑依のようなものである。

　スーパーセプションを通じた「他人の感覚」「他人の感情」への自己
移入で得られた感覚は、極めて生々しい。人類が相互に共感すること
による平和実現のためにも強力な武器となろう。国家間、民族間、宗
教間で対立していても、個々人単位でバーチャル憑依して得られる感
覚や感情は別である。互いの目線を交換して見る世界には親子、家族、
友人たちが映り、それを思いやる目線の感情や日々を懸命に暮らす息
遣いが感じられるであろう。そのような人たちをプロパガンダにのせ
られたからといって殺すことができるだろうか。これが新技術を平和
的に利用する方法の一つの例である。

　さらに一つの利用方法として、360度VRを活用した観光旅行や
現地視察も考えられる。従来、団体旅行と言えばツアーコンダクター
の後をぞろぞろと付いて行ったものであるが、ツアーコンダクターの
頭上に搭載した360度動画カメラで撮影し、それをウェブで繋がっ
た団体客がそれぞれのVRゴーグルで見ながら会話し、あたかも現
地を訪れたかのような体験をすることが可能になる。リアルタイムで

なくとも、そういった映像を編集したコンテンツを家庭でVR体験することももちろん可能になる。それで旅行客が減るかというと、おそらくそうはならず、VR体験で感じたものを何割かの人は実体験したくなるであろう。結局、リアル・バーチャルを合算した訪問者数が劇的に増加するのである。もちろん現地の特産品もツアーコンダクターと連携したeコマースで購入できる。

　海外や地方の生産現場へのマザー工場エンジニアによる視察も効果的に行うことが可能になる。360度動画カメラを頭上に搭載したエンジニアが現地で機器の状況を把握し改善点を発見し実際に改善を試みる過程を、本社の関係者がエンジニアに随行することなく共に体験することができるようになる。これによって現地視察するエンジニアの共感力（周囲の人に自分の感じたことを共有する力）が飛躍的に高まるであろう。これこそが、チーム力の向上に繋がるカギとなる。もちろん、ここぞというときには全員が現地に参集する必要があるが、その際も事前に何度もバーチャルな現地体験を繰り返してきたチームメンバーによるリアルな現地集合の効果は従来の1回の視察に比べて飛躍的に高まるはずである。

　他方、過去の歴史を振り返ると、新技術を短期間で飛躍的に向上させてきたのが軍需であることも事実である。採算を度外視して最短の実用化行程を最速で実行できるのは軍事予算であるからだ。上述のVRやスーパーセプションも軍事用としても極めて有望である。例えば、新任地に赴く兵士に現地の様子を「体験」させる訓練として、作戦行動の事前シミュレーションとして、さらには生きた人間を殺傷することへの抵抗をなくす訓練にも使えるかもしれない。

　また、VR・スーパーセプションを利用した報道によって共感を呼び起こそうとする報道手法は、権力側にとって嘘ごまかしをやりにくくする反面、都合よく編集・加工・改ざんすればネット社会での群集心理を焚き付けることも可能で、市民を操る手段として活用される懸念もある。これらの懸念点にいち早く気づき、防衛策やガイドライン

⑧ **スマートタウン、電子マネー（仮想通貨）** | 173

を並行して作っていくのも科学者の責務であり、良識あるサイエンティストとマッドサイエンティストを分ける一線である。

2. 電子マネー

前段で述べた技術の二面性については、すべからく新技術を実用化するたびに発生することであろう。本項では、その中で近年その是非が議論されている電子マネー、なかでもビットコインと呼ばれるものと、それを可能にしたブロックチェーン技術について、新技術の持つ二面性と併せて考察してみたい。

(1) ビットコインとブロックチェーン

電子商取引に使われることを意図した電子マネーを大括りにした場合、ペイパルを含むクレジットカードをベースにした取引やEdy（エディ）のように入金済残高を持つカードをコンピュータに接続して、その場で決済するものが代表的である。これに加えて近時仮想マネーと呼ばれるものが存在感を増してきた。

筆者の個人的見解としては、ビットコインはブロックチェーン技術の有効性を実証するデモンストレーションとしては極めて効果的であったが、ビットコインそのものが現行の通貨制度に取って代わる要件を備えているかと問われれば、現段階では適格性に欠けると言わざるを得ないのではないかとの疑念が残る。

この主張を説明するためには、貨幣の歴史を振り返った上で、現在の通貨システムを支える複式簿記について簡単に理解しておく必要がある。以下、それらについて簡単に述べた後、なぜビットコインのような仮想マネーが通貨としての要件を満たしていないかを議論した上で、ブロックチェーン技術の可能性と想定される応用分野について概説する。

(2) 貨幣とは何か

そもそもは貨幣（コイン）は、誰かが財貨を受け取った対価に価値を

支払い、それを財貨を提供した者が受け取った証拠としての共通のしるしであったのであろう。別の誰かがそのコインを持つ者に対して財貨を提供する際に、財貨の対価としてそのコインを受け取ることが蓋然性をもって期待できるとき、そのコインは通貨として機能する。

　長らく金銀がその位置を占める時代が続いた。加工の容易な金属でありながら腐食しにくく、多様な用途の利便性と一定の希少性を併せ持ち、マイニング（発掘製錬）にそれなりのコストがかかること等の要件を満たしていたことが、コインの材料として選ばれた理由として挙げられる。

　銭（ぜに）の歴史を語るとき、どこまで遡るべきかという問題はあるが、古くは東南アジア・インド・アフリカの各地でタカラガイをはじめとする耐久性に優れた貝殻が通貨として使われた。要は、コミュニティ内で物々交換を同時同量で行う代わりに、受け取った価値（貝殻）を分割して使ったり、別のタイミングで自分の必要とする財と交換したりするための一種のポイントの備忘の道具であったと考えられる。もちろん、物心ついたときからそれらを通貨として見てきた当時の人々にとっては、タカラガイそのものが何らかの価値を持つものとして認識されたであろうが、麻雀の点棒やボードゲームで使う模擬紙幣と同じである。

　日本では、奈良時代には絹が納税時にも受け入れられる通貨の代わりをしていたが、8世紀初めに和同開珎という銅貨が発行されたという記録が『続日本紀』に残っている。当時の銅銭の流通は都の周辺、即ち小口の商業が成立していた地域に限られていたようで、地方では引き続き絹が通貨として流通していたようである。その後12世紀後半、平家が日宋貿易を活発に行うようになって宋銭が日本に流入した。このときの宋銭は既にアジアの各地で通用する国際通貨になっており、貿易で得られる財貨を入手するには宋銭が必要となったこともあって次第に国内でも流通が広がった。この結果、商品そのものに価値を持ち、その品質の見分けも簡単であった絹ではあったが、次第に

⑧ スマートタウン、電子マネー（仮想通貨）　|　175

通貨としての役割を銅銭に譲っていくことになる。その後、戦国時代に高額取引を決済するために金（きん）が使われるようになり、江戸時代には標準規格を満たす金貨・銀貨が鋳造され流通するようになった。

　金の価値に連動する標準貨幣である小判や銀貨の登場は、後に通貨としての3要件（価値尺度、流通手段、価値貯蔵）と呼ばれるものを満たしており、江戸時代を通じて貨幣経済が日本に浸透していく素地を作ったが、その制度上大きな欠点があった。それは、銀行に通貨を預金し、預託を受けた銀行が信用創造を行うという機能がない社会においては、金儲けに成功した者の手元に貨幣が滞留し、その量が一定水準を超えると経済全体に通貨供給量不足に伴うデフレ圧力が生じることであった。時代劇に出てくる豪商の蔵に積まれた千両箱こそが江戸時代のデフレの元凶になっていたわけである。

　ここで一点留意すべきことは、貨幣（コイン）の発行においては、発行者に利益が生じるという点である。即ち、貨幣製造原価と流通させる際の価値の差分は発行した時点で発行者に利益として認識される。日本国においても、補助通貨としての硬貨を政府が発行すると利益が生じるが、他方で古くなって劣化した硬貨が回収されて政府の手元に戻り、鋳つぶされて新たな硬貨の材料になるとその材料原価としての価値と額面の差額分は発行者である政府の損失として認識される。この利益をシニオリティと呼ぶが、この名称は中世封建領主が領地内で通用する貨幣の発行権を独占し、その発行に伴う利益を自らのものにしていたことに由来する。奈良時代に日本で発行された和同開珎でも、その額面は製造原価の4倍程度に定められたとする説がある。

（3）紙幣とは何か

　中央銀行制度が成立して以降の近代社会において、紙幣は中央銀行が債務者として発行する名宛人無記名の債務証書である。金本位制の時代は兌換券と呼ばれ券面上に金との交換を明記した紙幣が流通していたが、1971年に米ドルが金との兌換を停止して以降金本位制は崩れ、現在は本位貨幣の存在しない管理通貨制度と呼ばれる世の中に

なった。

　初期の銀行券は、市中で有力な銀行が発行するものであり、信用創造の証でもあった。銀行のバランスシート上の資産は二通りである。預金者から預けられた現金や銀行が購入した国債等の有価証券等が一つ。もう一つが、銀行が信用創造機能によって創り出した融資残高という資産である。現金・国債等の資産に対しては負債側に預金残高や払込み自己資本等があるが、資産として融資残高を創造した際にはその額と同額の預金残高が融資先の口座に記帳され、他の預金残高同様に銀行にとっての債務として認識される。ここで銀行のバランスシートはバランスする。この預金が支払いのために一部引き出されるとき、現金が必要であれば銀行券が発行された。その銀行券の発行業務が中央銀行制度成立後は中央銀行に集約されたのである。

　日本銀行（日銀）の場合、最近はデフレ対策として通貨供給量を増やすためという理由から市場で流通する国債を購入しており、主に銀行が日銀に売却した代金が各銀行の日銀当座預金残高（日銀から見ると債務）として滞留している（この点については、後述する）。

　コインの発行と違い、銀行券の発行に伴う発行益は発生しない。バランスシートが資産と債務でバランスするだけである。ただし、資産側の融資は金利を発生させるが、債務側の銀行券は無利息なので、その利ざやは時間の経過と共に中央銀行の利益となる。これは中央銀行の特権であるが、他方で極めて便利な決済手段を一切の手数料なく国民に提供していることへの対価と見ることもできる。インフラとしての銀行券の流通を支え適切にコントロールするために、中央銀行は相当のコストを負担しているのである。

　このような、金貨と違ってモノとしては紙きれの価値しかない無記名・支払期限なしの永久債務証書を人々が通貨として喜んで受け取るのはなぜであろうか。それは、債務者である中央銀行が、その債務証書の提示を受ければ必ず債務履行するという信用に基づいているからである。実際には、債務履行といっても、銀行券が兌換券でなくなっ

⑧ スマートタウン、電子マネー（仮想通貨）　｜　177

た現在、中央銀行自体による債務履行は新しい同額の紙幣との交換で
しかないが、それでも制度として債務履行する者が明らかにされてい
て、その債務者の信用が極めて高いことは事実である。少なくとも政
府は、中央銀行の発行する銀行券を納税者からの納税として受け取る。

　また、紙幣に準じて支払いの決済に使われるものに商業手形がある。
商業手形には、大きく分けて約束手形と為替手形の二種類がある。約
束手形は、信用のある振出人が期日に受取人に対して一定の金額を支
払うことを示す証書。為替手形は、発行者が第三者である支払人に対
して受取人もしくはその指図する者に対して一定額を支払うことを指
図する証書である。いずれも、裏書譲渡という形で別の受取人を指定
することで、元の受取人は新たに指定された受取人に対する支払の代
わりに手形を譲渡できる。この手形を受け取った者が、それを代金決
済として受け入れるのは最終的に手形上の支払義務者に信用があり、
かつ万が一支払人が債務不履行を起こしても、自分より先順位にある
手形譲渡人に対して「あなたが現金支払いの代わりに私に渡した手形
は不履行になったので、この手形はお返ししますから現金等別の方法
で代金を支払って下さい」と請求できるからである。

　以上のように、金貨銀貨と違い、モノとしての価値は紙の価値しか
ない銀行券や手形も、その支払人の信用力によって通貨として流通す
ることができている。

(4) ビットコイン

　ビットコインは、世の中にeコマースが普及しその支払手段として
のオンラインのクレジットカード決済やプリペイド方式の代金支払い
が活発になってきた2000年代の終わり2009年に、ナカモトサトシ
と名乗る人物による論文に基づいて運用がはじまった暗号通貨であ
る。従来の決済方法との大きな違いは、その支払受取がピア・トゥ・
ピアと呼ばれる二者間で完結し一定の匿名性も保護されるため、従来
の決済手段のようにクレジットカード情報漏えいの危険性がないこ
と、それでいて台帳を中央で集中管理せず参加者全員が暗号化して共

178 ｜ 第3章 各論

有することから、改ざんが極めて困難であり信頼性が高いとされた。

　実際の運用にあたっては、新規技術の多くの場合がそうであるように、本来の意図と違った特殊なニーズが市場拡大を牽引した。匿名性を重視し当局から捕捉されることを極端に嫌う取り引き、すなわち違法ドラッグをはじめとするありとあらゆる違法な物品の百貨店のようなシルクロードという名のeコマースサイトでの売買を匿名で行うことができる決済手段として流通が拡大した。

　ブロックチェーンと呼ばれる手法が、公開鍵・秘密鍵にハッシュ関数という仕組みを組み合わせた盤石の暗号化によって有効に機能することのデモンストレーションとして、ビットコインのブームは極めて有効であった。しかし、そもそもの「コイン」としての機能の設計において、通貨としての要件に欠けているのではないかという疑念が残る。

　ビットコインが採用するブロックチェーン技術は先進的で、教科書的な通貨の3要件において「価値の尺度」「価値の保存」「交換の手段」は一見すると満たしているように見える。しかしながら、前述の貨幣・通貨の歴史において見てきたように、少なくとも現在においては、何らかの形で最終的に債務履行義務を負う者が明示され、その債務履行義務者に十分な信用力があることが、通貨の持つ価値の根源そのものとなっている。

　そう考えると、ビットコインの第一期は、財貨を受け取り支払を行った側が受け取る領収証の写しを、財貨を渡し支払いを受けた側が改ざん複製不可能な形で通貨として使おうというような仕組みに見える。この領収証写しが改ざん複製不可能であるからといって、元の支払者のところに持って行っても既に代金支払いという債務履行は済んでおり、ビットコインの受取人は誰からも債務履行を受けることができない。この点が、ビットコインが技術的には改ざん複製不可能とか即時受渡し可能といった極めて優れた点を持っていながらも、あくまでも「コイン＝補助貨幣」であって、信用本位制とも言える現代の通貨制

⑧ スマートタウン、電子マネー（仮想通貨） | 179

度のもとでは通貨としての適格性に欠けるのではないかと考える理由
である。

(5) 信用本位制は盤石か

　ここまで、現在デモンストレートされてきたビットコインが通貨と
しての要件を満たしていないと議論してきたが、それではなぜそのよ
うなものがもてはやされるのか。単に完全匿名の取引やマネーロンダ
リング等に使える決済手段が求められているというだけではない理由
がありそうである。一つは、ビットコインでデモンストレートされた
技術が他に多彩な応用分野を持ちそうであるからに違いない。この点
は次項で議論する。もう一つは先に述べた信用本位制と言える現代の
通貨制度に対して、民衆がなんらかの疑念を持ったり制度乱用の痕跡
に民衆が本能的に気付いたりしているからではないかとも考えられ
る。本項ではまず後者について整理した後、次項でブロックチェーン
技術の応用先について考える。

　先に述べたように、現在の通貨制度の最終的なバックアップ機能は
中央銀行のバランスシートの健全性によって担保されている。この中
央銀行の健全性に疑念が生じると、民衆は過去の様々な事象を思い出
し、本能的に自国通貨以外の資産への逃避を考える。日本では、戦後
のインフレに端を発する新円切換え・預金封鎖で資産を失った世代が
徐々にいなくなり、国民としてのインフレに対する記憶が薄れている
が、海外では近年においても強烈なインフレを経験している。例えば、
アルゼンチンでは 1988 年に年率 5,000 倍のハイパーインフレが発
生したし、ブラジルでも 1986 年から 1994 年に新レアルが導入され
るまでの間に通貨価値が 2 兆 7,500 億分の 1 に暴落した。毎年通貨
価値が 36 分の 1 近くに下落する世界である。このような事象を実体
験として記憶する世代は、前述したような国債をバックアセットにし
た中央銀行のバランスシートから発行される銀行券を信用しない。だ
からと言って外貨を保有しても、国内にいる限り外貨との交換を凍結
されればそれまでである。このような状況を経験した人々の中から

ビットコインの可能性に賭けてみようという向きが現れたのも無理な
からぬところである。彼らにとってビットコインは、為替管理の外で
いつでも在外資産と交換できる通貨を持つことのできる交換手段なの
だ。

　蛇足だが、このような状況は日本にとっても他人事ではない。日本
銀行（日銀）のバランスシートはここ数年の間の超緩和策と呼ばれる政
策のもとで膨張しきっている。少し古い数字になるが、2010 年 3 月
末と 2015 年 3 月末の日銀バランスシートを比較すると、総資産が
142 兆円から 324 兆円へと倍以上に膨張している。そのうち国債保
有残高は、2010 年 3 月の 77 兆円から 2015 年 3 月の 270 兆円へと 3.5
倍になっており、国債保有の純増額 193 兆円という額は、同じ期間
の国債発行残高純増額 180 兆円を上回っている。市場に新規で流入
する以上の国債をすべて日銀が買い取っているから、確かに国債価格
は高止まりする（金利は限りなくゼロに近くなる）だろうが、それは毎年
日銀がバランスシートを膨らませ続けることができる限りにおいての
話である。

　前述したように、日銀は複式簿記のバランスシートをバランスさせ
る必要がある。上述の国債購入資金はどのようにファイナンスされて
いるのであろうか。同期間の日銀券発行残高は 9 兆円しか増えてお
らず、その大半は市中銀行の日銀当座預金残高増によってファイナン
スされている。日銀当座預金残高は 2010 年 3 月末の 23 兆円から
2015 年 3 月末の 206 兆円に 173 兆円も積み上げられている。なん
のことはない、日銀は 5 年間で三菱東京 UFJ 銀行の総資産を連結ベー
スで丸呑みできるほどの額を市中金融機関から当座預金残高に積み増
しさせて、その資金で市場に出回る国債をことごとく買い取っていた
のである。おそらくこれは、教科書的に言うと日銀の金融調節手法の
「支払準備率引き上げ」と同じ効果がある。一方で公開市場操作によっ
て国債を買い入れ市中金融機関に資金供給する姿を演じながら、その
実は超高率の預金準備率を課して供給した資金を日銀当座預金に凍結

しているのと同じ効果で緩和政策の効果を相殺してきたのである。

言ってみれば、日本国債の高値推移は日銀が毎年バランスシートを膨張させ続けることによって支えられているのである。もちろん、このような政策を取らずに野放図に膨張する国債を市場で放置し、国債価格の下落・長期金利上昇にまかせるよりはよほどましであったことは間違いない。しかしながら、いつまでも毎年30兆円を超える資金を市場から吸い上げて国債を買い増し続けることはできない。もしそんなことをすれば、いずれ市中の貯蓄はすべて国債のファイナンスに回され、産業界に回す資金が枯渇してしまう。いわゆるクラウディングアウトの顕在化である。他方で、日銀が国債買い増しを止めて、国債の利回りが例えばインフレターゲットの2%まで上昇するとどうなるか。一夜にして新規国債と既発国債が入れ替わるわけではないが、1,000兆円の国債の金利が上昇したときに発生する評価損が日銀・市中銀行・年金財政のバランスシートを直撃することになる。日本に限った話ではないが、バランスシートの本質を見ない政治家による野放図な財政運営は、日々このようなリスクを少しずつではあるが確実に膨らませることになり、そこにビットコインのような仕掛けに人々が誘惑される遠因がある。

(6) ブロックチェーン技術の応用先

前項ではビットコインの通貨としての資質に疑問を投げた上で、そのような実験に人々が魅了される背景について述べた。ここでは、ビットコインを実現したブロックチェーンと呼ばれる技術について、その真の活用方法について考えたい。

ブロックチェーンの複雑な技術面について解説することは本項の目的ではないので割愛するが、大まかな理解としては以下のようになる。

- 仮想空間上に従来の金に相当する価値交換の媒体を創造するために、採掘（マイニング）にそれなりのコストがかかるデジタル・ゴールドを創造する。これは一種のパズルをコンピュータに解かせることによって発掘させるが、普通のコンピュータでは数百万年も

かかるプロセスを経ることになる。

- このデジタル・ゴールドの採掘益（金貨でいうところのシニオリティに相当）は発掘者のものになるが、発掘者は金の採掘同様にコストがかかるので、この採掘業は一種のボランティアのように考えらえている。
- このデジタル・ゴールドが仮想空間上でコインとして支払い・受取りに使われるが、改ざん・複製を防止する機能を維持するために、ハッシュ関数と呼ばれる特殊な関数を公開鍵・秘密鍵を組み合わせた暗号と共に使って、すべての参加者のコンピュータ上に台帳を共有する。
- これによって、従来であれば物理的なデリバリーや、統一台帳との照合等で多大な時間を要した取引を、デジタル空間上で瞬時に行うことが可能になり、その取引コストも激減する。

これらの機能のデモンストレーションとして、ビットコインが実際にワークしたことの意味は大きい。しかしながら、機能面で通貨に要求される機能を極めて効率的に実現しても、ビットコインの定義そのものは仮想空間上で創造されたデジタル・ゴールドである。そのデジタル・ゴールドでは工業製品の材料にはなり得ず、おそらく宝飾品としての価値もない。他方、通貨として価値を遡及するために信用本位制のもとで信用力のある何者かの債務であるかと言えばそうでもない。繰り返しになるが、ここがビットコインについて懐疑的にならざるを得ない点であり、初期のビットコインが限られたコミュニティの中での貸し借りの記録手段を越えられなかった理由ではないかと疑念を持つところである。

しかしながら、上述で箇条書きしたブロックチェーンの機能の中で、特に改ざん・複製が不可能でありながら、その取引を瞬時に完了させることができるという特徴は極めて優れたものである。例えば、現在の銀行業務の大半は手書きの台帳と伝票に基づいて勘定処理をしてい

⑧ スマートタウン、電子マネー（仮想通貨） | 183

た時代の取引を電子化したものであるが、それでも輸出入金融に伴うドキュメントや手形小切手の処理等で未だに紙ベースのデリバリーに依存している業務は多い。電子手形のアイデアも過去数十年の間「これで完成」と言われながら未だに未完成の感がある。既に世界中の大手銀行を中心に、これら伝統的業務へのブロックチェーン技術の応用が研究されており、大きな期待をしてよいのではないか。

　また、新たな分野として医療機関が共有できる電子カルテの実用化が模索されている。医療機関ごとに同じ検査を繰り返される患者の負担を軽減するためには有効な方法と思われるが、今後この電子カルテ内の情報が増大・高度化し改ざん・エラー防止策が重要になるにつれ、カルテ情報共有にもブロックチェーン技術の応用に対する期待が高まる。

　同様に、改ざん・エラー防止をしつつ、数多くのユーザーや拠点間で情報共有されるもの、なんらかの台帳のようなもの、すべての暗号化とセキュリティ確保を要するものについてブロックチェーン技術の応用が検討されていくものと思われる。

　同時に、初期のバージョンのセキュリティはコンピュータの能力向上の前では役に立たなくなるものが出てくるであろう。ハッシュ関数も進化や強化が求められるであろう。それでも、コンピュータ能力の向上とAI技術の進歩でシンギュラリティが現実問題となるような環境においては、今使われているようなブロックチェーンの枠組みそのものも陳腐化しているかもしれない。あくまでも21世紀初頭における先進技術であり、21世紀半ばには、その時代に見合う姿に進化したセキュリティが必要になるはずである。

各論⑨　**地方活性化**

1. 地方の衰退と都市への集中

　米国の「Global Trends 2030」においても、EUの「Global Trends to 2030」においても、世界の潮流としては、ますます大都市への人口集中が進むことが予測されている。我が国においても、人口がピークを過ぎ減少傾向となりつつある中で、東京23区の人口は増えており、人口の大都市集中の傾向は顕著である。一方で、地方は人口減・人口流出が続いている。この傾向は、基本的には、大都市に就業機会が集中するために起こるものと言われている。ビジネスの機会の多い大都市においては、大規模な経営が可能となり、これがさらにビジネスの優位に繋がる。大都市においては、周辺の商流が集中し、世界的な大都市となるとグローバルな商流が集中する。大都市間のグローバルな競合に勝ち残った都市は、さらに発展することになる。

　このような大都市へのマネーフローの集中の基礎となっているのは、恐らく近世において、あらゆる製造がスケールメリットを追求して、大都市に大規模製造拠点を設け、ここからサービスを地方に分配するような仕組みを取ってきたからではないかと思われる。江戸時代にも、江戸、大阪、京都等の大消費地において情報・商品流通の集中は進んでいたと思われるが、エネルギー供給や交通サービスのような基礎的な生産やサービスの中心は、地方に残っていた。現在においては、エネルギーの供給は、すべて大都市に本拠を置く大規模会社が行い、自動車等の交通手段は、やはり集中生産を行う大規模会社が提供し、地方交通は自家用交通に置き換わっている。小売りに関しても大都市に本拠を置く大規模小売店が地方小売り業者を駆逐しているのが

⑨ 地方活性化　｜　185

資料：環境省資料．

図3-9-1 地域内総生産に対するエネルギー代金の収支の比率

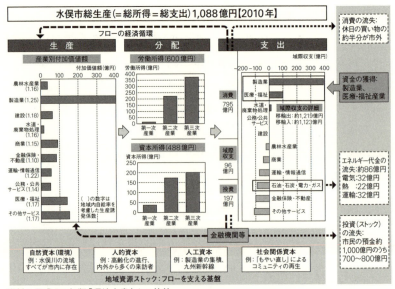

資料：平成27年版「環境白書」より抜粋．

図3-9-2 水俣市の地域経済循環分析

現状であろう。かくして、地方には、大都市の出先販売会社のみが立地し、基礎的な生活手段に支払われるマネーフローは、地方から大都市に還流することになる。マネーフローの還流しないところには、大きな雇用は生まれないので、地方はますます衰退することになる。

環境省の調査によると、全国の自治体の9割がエネルギー代金の収支が赤字で、7割が地域内総生産の5％相当以上、151自治体で10％以上の資金流出となっている。同じく環境省によると水俣市の例では、2010年のエネルギー代金は、電力、熱源燃料、交通燃料の合計で約86億円で地域内総生産の8％となっている。2010年度の水俣市の税収は約31億円なので、実は税収よりも多額のエネルギー支出の方が大きいことになる（図3-9-1～2参照）。

このようにエネルギー支出だけ見ても地方から大都市へかなりのマネーフローが流出している。このマネーフローは、最終的にはオイルメジャーや中東等のエネルギー産地国に流れることになる（図3-9-3参照）。

図3-9-3 マネーの流出

2. シュタットベルケ

　ドイツ等においては、これらのマネーフローを域内に留め、地域の活性化を図ろうとする動きが活発である。ドイツにおいては、「シュタットベルケ」という地域の公共的事業体により、電力の小売、配電、熱供給等を実施し、併せて、公共交通等の各種の公共サービス事業も運営し、全体として黒字経営を行い、地域住民サービスの向上を図ると共に、地域の雇用も確保しようとするものである。シュタットベルケの定義は、**図3-9-4**に示すように公共インフラサービスを総合的に提供する自治体所有の公営企業ということになる。我が国でよく見られるように単に電力小売りを行うだけではなく、熱供給、ガス供給、通信、交通、ゴミ処理等の多様なサービスを総合的に行う、公的事業体である。出資者は自治体単独の他、エネルギー企業との共同出資、複数自治体の共同出資等多様である。**図3-9-5**に示すように、シュタットベルケの収入の大半は、電力事業によりもたらされる。シュタットベルケは、基本的に電力の小売りを行うが、実力のあるシュタットベルケになると配電網を電力会社より購入して、配電会社も兼ねる。

総合インフラ・サービスの提供 "Kommunaler Querverbund"	自治の原理 "Kommunale Selbstverwaltung"	"Public Service"の提供義務 "Daseinsfürsorge"
・ 自治体の経済的活動 　- 公共事業・公共インフラ・サービス 　- 100%の自治体所有事業 ・ 公共インフラ・サービスの統合提供 　- 顧客サービスの相乗効果 　- インフラの管理・経営 　- ファイナンス上の相乗効果 　- 税金上のメリット ・ 赤字部門の補てん("cross-subsidy") 　- 交通部門 　- 文化的施設(図書館、プール等)	・ ドイツの基本法　第28条 ・ 自治体法(連邦州の法律) ・ 自治体の経済的事業を制限する 　三つの原理 　① public purpose("öffentlicher Zweck") 　② reasonable financial capacity 　　("Verhältnismäßigkeit zur Leistungsfähigkeit") 　③ subsidiarity to private enterprise 　　("Subsidiaritätsprinzip") ・ 州によって地理的な制限もある ・ 欧州連合の市場の自由競争の原理	・ ドイツの基本法　第20条 　→ democratic, social, federal state 　→ "Soziale Marktwirtschaft" 　→ 公共サービスの使命 　　- "basic necessities for life"の提供義務 　　- すべての市民に対して 　　- 適切な価格で(affordable prices) ・ 欧州連合法 　- 公共サービスの基本的権利 　　"services of general economic interests" 　　(EU Fundamental Rights 36条) 　- EUの共有価値観 　　"social and territorial cohesion"/"exemptions" 　　(Article 14/106.2 of Treaty of the Functioning od the EU) 　→ 民間企業と公営企業の公平な競争 　→ 公営企業の特権と競争原理からの除外

図3-9-4　シュタットベルケの定義と法的根拠

競争環境にある小売りのみより、配電を兼ねる方が、より安定的な収入と雇用を確保することができるからである。配電網は、我が国と同様に公道に設置されるので、その占用許可が切れるときに権利の所有者に権利のオークションを行わせ、その際にシュタットベルケが買い戻すわけである。シュタットベルケでは、多くの場合、熱供給事業も行っており、黒字の確保に貢献している。エネルギー事業以外の公共バス等の公共サービスは、我が国と同様に赤字のケースが多く、エネルギー事業で稼いだ黒字でシュタットベルケ全体の経営の黒字化を図り、財政的に健全な公共サービスを提供しているわけである。ドイツやデンマークでは、陸上の再生可能エネルギー発電の多くは、地元の出資による中小規模の再生可能エネルギーであり、これらの電力は、シュタットベルケにより集められ、配電される。シュタットベルケ自身も、コージェネレーション施設により、発電、熱供給の両者を行うことが多い。また、このコージェネレーションにおいて、バイオ燃料やゴミが用いられるケースも多い。小規模な施設では水処理等の必要のないバイオガス化コージェネレーション技術が我が国より遥かに進んでいる。

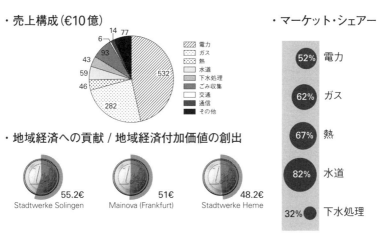

資料：京都大学経済学部再生可能エネルギー経済学講座　中山助教　資料．

図3-9-5　シュタットベルケの概要

3. コージェネレーション関連技術

　バイオ素材のガス化や燃焼は、タールやスケールの発生によりなかなかうまくいかないという通説があるが、ドイツ、デンマーク等のガス化燃焼炉においては、これらの問題が生じないように、厳密な温度、酸素濃度管理が行われている。筆者のヒアリングしたこれらの設備では、単に炉内の温度だけではなく、熱回収用のボイラー部分の温度分布、貯湯タンクの温度分布も精密に測定し、全体として温度分布が常に適正に保たれるように自動制御されている。そこでは、数十の温度センサー、酸素濃度計が使われており、しかもコストダウンのために、自動車で用いられている汎用センサーを用いている。自動車エンジンの燃焼管理は、環境対策や燃費の管理のために、精密な電子コントロールがなされているが、同じような発想でコージェネレーションシステム全体の燃焼、温度コントロールがなされているわけである。

　小規模なコージェネレーション施設では、発電効率はさほど高くはならないので、熱供給が比較的大きなウェイトを占める。この熱供給の分野でも、我が国は大きく立ち遅れていると言えよう。筆者がヒアリングしたデンマーク・ロラン市の麦わらコージェネレーション施設では、熱供給の範囲は半径 20km の遠方まで及んでいて、市の郊外域までカバーしている。しかもこれらの施設は、我が国のような高価な熱配管を用いずに安価な熱配管で、経済効率的に設置、運営されている。

　欧米の熱供給は、我が国のように蒸気や120℃の高圧水を使わない。このような高温による熱供給は第1世代の熱供給として、過去のものとなっている。現在は、第3世代の熱供給で送り出し80℃、回収40℃程度のものが主流で、第4世代の送り出し60℃程度のものも既に現れている（**図3-9-6**参照）。このように熱供給の供給温度は、新しいものほど低下する傾向がある。物理法則からすれば、熱輸送途中

でのロスは、周囲との温度差に比例するので、供給温度が小さければ、熱供給管の断熱の経費も低減し、また、圧力管にする必要もないので、管のコストはこの面からも低減する。また、様々な熱源も使いやすくなる。また、熱配管の埋設に係る経費も安くなる。図3-9-7のように簡単な側溝程度のスペースに断熱材に被覆された熱導管を埋設するという簡単な工事となっており、我が国のように歩道の下に推進工

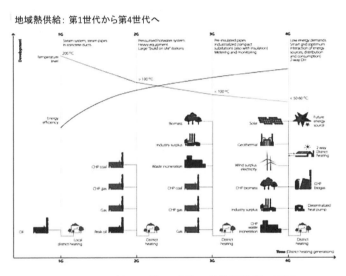

図3-9-6　第1～第4世代の熱供給技術の発展

図3-9-7　欧州の熱配管の例

法で小トンネルを掘り、鋼管を敷設するのとは、大きな違いがある。

　以上のように、我が国において、「技術先進国」との思い込みのもとに、技術開発が停滞している間に、欧米では種々の面で技術開発が先に進み、我が国は周回遅れの状況となっているわけである。

　バイオガスの利用に関しても、我が国においては畜産農家等で作ったバイオガスは、その場でオンサイトで発電して売るしか得られたエネルギーの流通の方法が無いが、欧米においては、送ガス事業者（ガスTSO）の持つ送ガス管の受け入れ基準を満たせば、送ガス管網の中に投入して流通させることができる。欧米においては、生のバイオガスとガスTSO受け入れ基準を満たしたバイオガスを言葉の上でも使い分けており、受け入れ基準を満たすガスは、「バイオメタン」、生ガスは「バイオガス」としている。受け入れ基準は、主として妨害ガスとしてのS分の含有量等に関するもので、カロリーに関しては、幅広く受け入れるものとなっており、簡単なS分除去等を行うだけで、カロリー調整の必要はない。残念ながら、我が国は配ガス会社（ガス

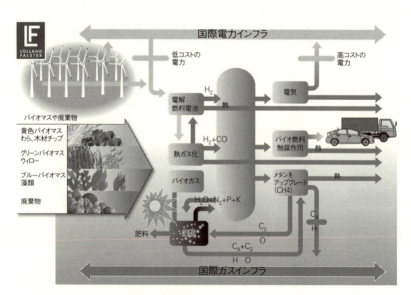

図3-9-8　欧米におけるバイオガスの利用

DSO）しか存在せず、ガス TSO が存在しない唯一の「先進国」であり、単にガス自由化が進んだだけでは、欧米のような「バイオメタン」の流通はできない。欧米並みに、ガス TSO の全国ガスネットワークの設置を待たなければならない（図 3-9-8 参照）。

4. 我が国における成功事例

　日本は豊富な森林資源に恵まれているが、林業の衰退が著しい。山林を多く抱える自治体は、また過疎化、消滅が危惧されている集落、地区を抱えていることにも通じている。

　そのような地域にとって参考となる、いくつかの先進自治体におけるシュタットベルケ的な活動の成功事例が我が国にもある。ここでは、群馬県上野村の事例について記す。それは、村役場主導による村内森林資源を使い、エネルギーを創出し、それを基軸にした「地域密着日本型シュタットベルケ第 1 号」とでも位置付けられる村民・行政一体の事業を紹介する。

　村の概要を記す。高崎駅から 1 時間山に分け入り、標高 1,000m から 2,000m の険しい山々が連なる山岳地帯の村であり、群馬県の最南端に位置し、西には長野県、南は埼玉県と接する山間部。今から約 30 年前、日航機が墜落して 500 名以上が亡くなった御巣鷹山尾根がある山奥の村である。

　総面積は約 180km^2 であり、その 95％が森林で、植林による杉と檜、あとはシオジ、欅、栃等の広葉樹である。耕地面積も 1ha、田圃は 1 枚もない。人口は約 1,200 人、所帯数約 600 であり、高齢化率は 45％に達している。しかし、行政努力による若年定住者対策事業による職場と住居が確保されていることにより、近年は村外から若者が村に定住し、30 代を中心とした人口増加も見られ、約 250 名が I、U ターン者である。

　産業関連では、戦後の薪炭生産が盛んな時代は 5,000 人が暮らす

一大エネルギー生産自治体であったが、石炭からその次の石油等へのエネルギー転換に伴い急速に人口減少と過疎化へとなった村である。小さな村としては珍しく森林組合があり、材を切り出し、8,000m³ の建築用製材やデザイナーズクラフトによる家具、木工製品等の生産、また、木材カスケードの末端であるエネルギー利用として木炭、チップ、ペレットやオガ粉の生産も行い、木で生きる覚悟を持った村である。チップやペレットはボイラー燃料として使い、温泉加温と事業所の暖房用に使われ、ペレットは村役場等の事業所と家庭用のストーブに利用されている。木材の廃棄物に相当するオガ粉は従業員60名、椎茸生産量500t、販売額約3億7,000万円のきのこセンターできのこの培地用に使用し、使用済みの廃菌床はまた再度燃料利用化し余すことなく循環利用し尽くしている。その他産業としては、名水100選の神流川渓流、森林セラピー、秋の紅葉等でにぎわう観光と、十石味噌や猪豚生産等の食品関連である。

　エネルギーに注目すると、前述のきのこセンターでは、図3-9-9の如く、木が保有するエネルギーの75～85％を活用し、炭酸ガス

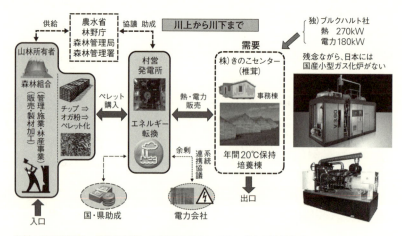

資料：神田前村長、黒澤現村長、三枝氏よりのヒアリングより竹林作成．

図3-9-9　上野村の森林とエネルギー施設とキノコセンター

削減にも大いに貢献するペレット燃料を生産し、それを用い180kWの電力と270kWの熱を回収利用するドイツ・ブルクハルト社製の熱電併給システムが2014年に検討調査導入された。

きのこ栽培は年間を通して室温を20℃に設定する必要があり、夏と冬にはエネルギーを多く消費をしていた。神田前村長は、このエネルギーコスト削減のためと、村の自然資本とも言える木材のエネルギー利用を考え、木質バイオマスガス化熱電併給施設（CHP）を導入した。これにより、培養棟内冷暖房用の熱供給を担い、またセンターで必要な電気の70％前後を、固定価格買取制度を利用せずに、センターで消費している。事業は林野庁の助成で建設された。

ここで「森林資源活用の材とエネルギーの構図」を図3-9-10に示す。森林を活用し、自前のエネルギーを生み出すことで、「山林業」「製材・家具・木工・燃料生産」「温浴施設関連」「村営木質ガス化熱電併

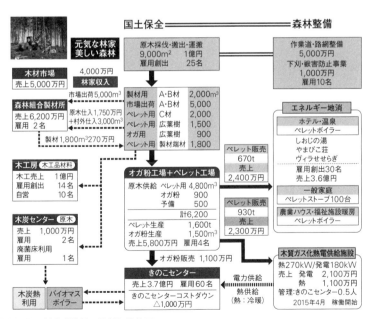

資料：上野村作成資料に竹林加筆修正.

図3-9-10　森林資源活用の材とエネルギーの構図

給エネルギー産業」と村内地場産業が相互連関し、資源・資金が循環している。熱電併給施設導入だけでも、約3,000万円程度が村内に残り、この導入により、山からの材の切り出し量が増加し、ペレットが増産され、施設の運転管理等で雇用が増えている。同時に、山に手が入り、水源涵養や災害防止ともなる森林整備も併せて施行され、産業として大きく裾野も広がった。

きのこセンターでは、エネルギーコストが下がり、きのこの生産性が上がり競争力が付くことで、60人の雇用がさらに増員へと繋がり、村の人口減を遅らせることに寄与し、センターで働く村外からのシングルマザーの方々が定住し、さらなる村の活性化へと通ずるのである。

黒澤現村長の試算では、関連事業全体で12億円の経済を回し、150人の雇用創出を成し遂げている。ちなみに、村の総生産額は63億円、村予算は36億円、公債費率は10.7、村外へのエネルギー支払代金は4億6,000万円、これは村総生産の7.3％に相当する額であり、村民一人当たり約35万円に相当し、村人が折角汗水たらし稼いだ中から、あっけなくも大金が村外へ、その先の海外エネルギー産出国へと流出しているのである（図3-9-10参照）。

電力と熱はすべての家庭と企業で欠かせないことは言うまでもないことである。村では、これまで電気、灯油、軽油、自動車燃料等を何も考えることもなく価格交渉をすることもなく村外へあっさりと支払ってきた。

しかし村内で、豊富にある森林木材を使いエネルギーを生みだすことができるのなら村の中にお金が残るのである。そしてそのお金を、村で生産する猪豚肉や味噌を買うことができ、または孫へのおもちゃや誕生祝いに、あるいは子供へお小遣いを渡すことができる「暖かいお金」となり、更にそれは村内でまたお金が再循環することとなる。

このように単に木質バイオマスガス化熱電併給設備の問題ではなく、産業にも村の活性化にも影響が及び、かつ環境・経済的にも好循環が生まれてくるのである。

近隣で木材が入手可能なら、小型の木質熱電併給設備やボイラーやストーブを導入することにより電力や熱を生産利用する「エネルギー地産地消」により地方で誇りを持ちエネルギー分散自立が成立し、そのことにより地域経済にも雇用にも地域活性化へも波及し、国連が提唱する「SDGs 目標 7：エネルギーをみんなに　そしてクリーンに」の人が等しく安全で容易にエネルギーを自らの手にグリップし、「資源循環」と「経済循環」と「環境配慮」が図られ、加えて「村人の元気・活性化」へと連鎖反応が起きるのである。

　ここで注意すべきことは、森林に路網、作業道を設け、材を切り、材を里へ降ろす作業にかかる費用の低コスト化を如何に図るか、良質な建築用材の販売拡大ができるか、そして低質木材を使い、使い勝手の良い電気は容易に電線に繋げられるのか、電力と同時に出てくる温水の熱利用の場があるのか、熱移送設備をどうするのか等が大きな課題が幾つもある。森林から最後のエネルギー利用までの一気通貫を成立させ、産業化を図る必要がある。これを成立させるためには多面的角度からの十分なシステム検討を加える必要がある。熱利用としてはトリジェネ（電気と熱と炭酸ガス）利用が行えることから園芸用温室や養鰻・すっぽん飼育・穴子育成設備、食品工場、ジビエ加工場、乳製品加工、温泉・ホテル・温浴施設関連、公共施設冷暖房等の用途も考えられる。

　将来的には、原油と木材は極端だが同質であり、従い、木材からカーボンナノファイバーや C1 化学によるエタノールやファインケミカル・農薬・食品添加物、ウッドプラスチック、生分解プラスチック等を生産利用する時代が来るだろう。森林面積を多く占める自治体は大変なお宝を持っていることとなる。

　今こそ、世界第 3 位を誇る森林資源の大国を活かす道を探ることは国策として大事なことである。

　今の高校生が 50 歳になる年が 2050 年である。彼らとその子供たちが悩み困ることのない未来を提示実施していくことは我々大人の責

務である。

なお、参考までに、180kWの熱電併給施設と貯湯タンクと蓄電設備とを組み合わせて利用すると、一般家庭で約300戸程度が1年間使用する電力量を、熱は70戸程度への給湯と暖房に使用できる量であり、灯油量に直すと約19万リットル、1,900万円相当となる。つまり、180kWの設備であれば、2台設置すると村民全家庭で使用するエネルギーが賄えるのである。

最後に、日本では人口1,500人の村では約5億円、1万人の町では35億円内外、10万人の市では360億円程度のエネルギー購入代が使われていると推測される。

統計的には、図3-9-11で示す地域内総生産に対するエネルギー代金が占める比率は5〜15%と大きな金額である。これは電気代、灯油代、ガソリン代、軽油代、LPG代、A重油代の総計であり、過疎地ほどこの比率は上がる。このお金は地域に残ることなくすべて中

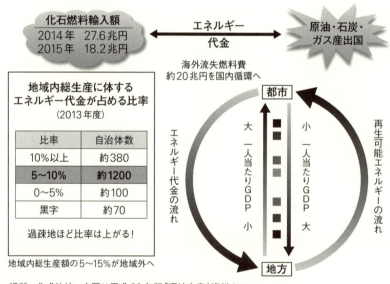

図3-9-11　エネルギー代金の構図

東等の海外エネルギー産出国へ流出している。

2014年、日本の1次エネルギー輸入支払い代金は総額約28兆円と途方もない金額を記録した。これは国家予算の約4分の1という異常さである。これまでは目の前に大量の様々な用材やエネルギー転換ができる森林資源を見ながらも、お手軽な化石燃料に依存してきた。この辺で、森林資源の持続可能なエネルギー転換と産業素材での活用への第一歩を踏み出すことが大切である。

5. 地域におけるモビリティの確保

地域から都市部に流出するマネーフローには、自動車燃料に起因するものもある。先の水俣市の例でも流出するエネルギーコストの3分の1はガソリン・軽油代金として流出している。一方で、地方においては、ガソリンスタンドが相次いで撤退し、山間部では給油のために20kmも遠方のスタンドまで行かなければいけないケースもあるという話を聞く。

世界的には、自動車業界は大胆なEV化へ一斉に動き出しているという現状を踏まえると、地域において真っ先にEV化に取り組む意義はあるのではないかと思う。先のシュタットベルケのように地域において電力供給をする場合には、EV化により、ガソリン・軽油代金として域外に流出していたマネーフローも地域内で循環するようになる。また、各戸の駐車場で充電できるので、遠方のスタンドに行かなくともよくなり、エネルギー補給の便宜も向上することになる。

EV化と同時並行で自動車の自動運転化も進みつつある。高齢化の進みの早い地方においては、自動運転バス等の自動運転の公共交通により、低コストでモビリティを提供することも重要となろう。この公共運転バスのために、運転区域内の三次元精密地図情報を優先的・重点的に整備し、自動運転の実用化を早めるということも期待できよう（図3-9-12参照）。

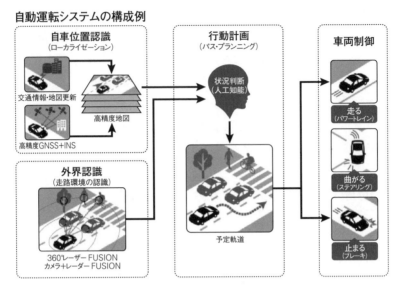

出典：本田技研工業ホームページ．

図3-9-12 自動運転システムに必要な技術

6. プロジェクト型の製造の時代の地方

　先にEUのレポートに見たように、ICT技術の進歩に伴い、従来、少品種大規模大量生産により製造効率を上げていた世界から、よりきめ細かに多彩な需要に応える分散型プロジェクトチーム型の経済に移行していくことが予測されている。今までは、一律量産型の製造技術によるしか低コストでの製品提供ができなかったものが、ICT技術の発達と製造のモジュール化により、丁寧な需要対応がコストに見合うようになってきたわけである。このような趨勢の中で、生産が分散、プロジェクトチーム化していくと、開発・製造拠点も必ずしも大都市に置く必要はなくなる可能性がある。地域のアイデアを活かした特殊需要に対応した製品をICT技術により、世界に販売するということも可能となる。

EUの報告では、さらに小都市同士をICTや自動EV交通で連結して、疑似大都市圏的な機能を持たせるというアイデアも提示されている。

7. 総合的な展開

　以上のように、エネルギー供給を中心とした公共事業体を中心に、交通システム等を整え、さらにICT環境を整え、自律分散型の経済の時代に相応しい、体制を地域全体として組み上げていくことができるならば、都市部に流出していたマネーフローが少なからず地域に留まり、地域の雇用力も回復していき、若年労働力を地域に引き戻すことができるのではないかと期待される。

　図3-9-13に示すように地方自治体と地場企業と住民が一体となり、地域内に豊富に存在するバイオマス資源を活用した小規模自立分

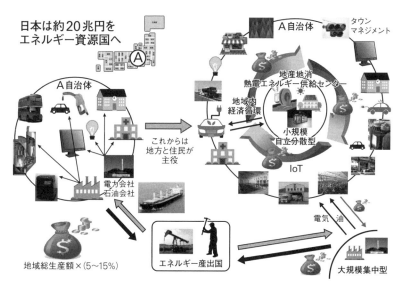

出所：竹林作成．

図3-9-13　エネルギーを基軸とした地場産業、まちづくり

散型地産地消熱電エネルギーセンターを建設、タウンマネージメントを行い、エネルギー送配電制御維持管理、地域エネルギーを活用した地場産業の振興、交通運輸管制、弱者の介護見守り、温浴健康センター経営等が行え、大きな経済循環の輪が広がると考える。

第 4 章

2050年に
「満足」は成熟させられるか
…まとめに代えて…

1. 誰が再生エネルギーへの転換コストを払うのか

　20世紀末から21世紀最初の10年間にまたがる、日本経済の長い低迷期がなぜもたらされ、その後も尾を引いているかについては、本書でも多角的に分析が行われている。

　詰まるところ成功モデルへの信仰が社会全体に行き渡り、現状を維持し固定しようという無意識の国民的情念が蔓延したからではないだろうか。この背景には明らかに「超高齢化」の社会構造が存在する。本書では、ICTの急激な発達が多くの「付いていけない人々」を生み、産業構造の変化と富の格差を加速させたと指摘しているが、付いていけない人々に共通するのは変化を受け入れ、自らも変化しようとする若々しさの欠如である。生物学的な加齢を理由とするのではなく、社会全体が高齢化することによる保守傾向や懐古主義的な風潮が招く「老齢意識」が、現代社会を支配していると理解すべきであろう。

　老齢意識が社会に根付くことは決して悪いことではない。経済は低迷を続け、多くの人々がより貧しい生活を余儀なくされるが、様々な技術が深く静かに生活の利便を支え、平和を希求する心はより強くなり、平穏で繰り返しの日々を大切に思うようになる。人々は孤独を毛嫌いして、より多くの他人と寄り添おうと努力する。がむしゃらな拡大再生産は見直され、我慢強く分をわきまえて生きようとする人が増える。

　もちろん、成功を夢見る野心家や、社会の閉塞感に耐えきれず暴力や偏執、依存症に陥るいわゆる落伍者は一定以上の割合で存在するが、高度経済成長期に比ぶべくもないほど少数にとどまるに違いない。そう予測する理由は簡単だ。

　33年後（2050年）に50代になる若者は、現時点で17歳から26歳である。この年代の多くが社長を目指さず、スマートフォン（スマホ）や携帯電話を媒介としたバーチャルなコミュニケーションに依存して

いる。健康や美容への関心は高く、趣味を見つけた者は収入のほとんどを注ぎ込むことを躊躇わない。高度な教育を受けた市民層は、決められた時間内、それぞれの職場でまじめに労働に勤しむ。彼らは倦くことなく、繰り返されるスマホ・ゲームに没頭できるので、単純作業に向いた感性を日々養っている。

第3章各論③「AI（人工知能）の活用」で、ICT化の進行やAI技術の発展を「次の産業革命」と捉えるEUと、現在の社会システムに付加的に加わる支援技術と捉える我が国との認識の差について考察しているが、政治や経済政策がその認識に基づいて社会を誘導しているだけでなく、国民の感性の方向が「変化を望まない平穏」を基軸としているのである。

従って、自ら社会構造の変革を企図して生産性を向上し、経済成長や社会規模の活力を復活させる政策を模索しても、その努力は多分、無駄である。成長のためには産業の隆盛が必要で、産業のためには新製品が必要なのだが、開発に必要な技術は揃っていても、動機と意欲を抑制する構造ができあがってしまっている。

パーソナルコンピュータが登場して40年足らず、携帯電話が登場してわずか25年強でICTは社会構造の根幹に食い込み、シロアリの如く浸透し、新たな階層化を創りだした。ひとことで言えば、ICT等の最新技術を使いこなす、あるいは使いこなす人材を使いこなして起業して成功する層と、技術の恩恵を対価を払って受けることで消費者になる層だ。後者は圧倒的多数であり、コミュニケーション依存症であるだけではなく、ゲームにはまり込み、歴史や芸術にはまり込み、スポーツや健康にはまり込む。

二昔前のスーパーコンピュータの性能を凌駕する超高度な技術が、スマホやゲーム機に惜しげもなく注ぎ込まれ、人々は必須の光熱費と同じ感覚で対価を支払う。

2050年の社会の支配層は、いま、既にICTを生活の一部として暮らしはじめており、それ以前の家計には見あたらなかった支出項目

を、疑問も抱かずに受け入れている。

ICTを支えるのは電力であり、効率が良く、持続可能な発電のためにエネルギー革命が必要であることは本書の主要な主張だが、目指すべき再生エネルギーへの転換は、既得権益構造の見直しと既存基盤の廃棄が前提であるかぎりは困難を極める。転換のためのコストを「いま」と「これからの33年」を生きる世代が、通信料金に加えて支払うとは、とても思えない。

2. 「若者時間」が支える中国社会

2017年春、中国の天津市を訪れて驚いた。

北京から高速道路を通って約130km、約1時間半のドライブは、高速で頻繁に車線変更を繰り返すアクロバティックな運転のクルマをたくさん発見するスリリングな時間であった。

片側4車線の高速道路は、ドイツのアウトバーンを連想させる。かたわらの人工的なまっすぐな土堤の上を英国の超高速特急そっくりの中国新幹線が疾走していく。新幹線は片道55元から115元（約900円から1,900円）で最速35分で到着するが、同区間の高速道路料金は33元（約550円）だから、乗車人数が多ければクルマのほうが遥かに安い。

そのためか高速道路は混んでいた。混み合いながらも、速度は速い。トラックや汚れた旧いクルマの間を、フォルクスワーゲン、アウディ、トヨタ、日産、ホンダ、フォード、GM等の新しいクルマが、方向指示器も出さず、縫うように時速80km以上ですり抜けていく。どのクルマも中国資本が51％以上を占める合弁会社の製品が多いそうだが、資産家は中国産ではなく原産地から直輸入しているという。日本車等は、我が国で見かけるものとデザインはまったく同じなのだが、エンブレムが微妙に異なる。

車窓からせめぎ合うクルマの波を眺めていて、強い既視感を覚える。

ずっと以前、この光景は確かに見たことがある。そして、私自身もその凶悪な群れの中にいた。

1970年代、80年代の日本の道の情景にとてもよく似ているのである。当時、クルマはクイックに走った。隙さえあれば他のクルマの前に躍り出て、次のクルマを追いかけ、追い越し、信号が変わるのを待ちかねて発進し、歩行者や自転車を警笛で威嚇することすら普通に行われていた。

道路の幅は中国のそれの半分ほどしかなく、クルマの速度もやや遅かったはずだが、誰もが先を争って前へ前へと殺到していた。

いまでもルール無視のドライバーは少なくないが、中国のドライブはまさに交通戦争ならぬ、交通戦闘の様相を呈している。

移動の間、荒野に点在する、多分人工的に植えられたであろう緑の塊と高層アパート群、延々と続く工場の屋根、ところどころに集中して拡がる畑等を視野の端に置いて、ひたすらドライバーたちの顔を見ていてその理由に気がついた。

ドライバーが皆、若いのである。

中年までの年齢層はいる。だが、いわゆる高齢者はほとんど見かけない。

歴史も風俗も民族も違い、規模も数も違うのだが、40年前の日本の追い立てられるような焦燥感に満ちた雰囲気がそこにあった。

帰国して思い返すと、わずか4日間の滞在だったが、時代を変化させる大きな要因としての住民の年齢を痛感させられた。東京の街を走るクルマの、なんと平和でのんびりした慎重な動きであることか。

クルマによる徘徊、逆走やブレーキの踏み間違い等高齢化による問題は続発しているものの、もう我々の社会は、猛烈な勢いで回転する喧噪の時代には戻れないし、戻りたくもない。

3. オールタナティヴとしての自転車

　国連人口基金の調査によれば、我が国の高齢化率は 2005 年に 20.2％に達して世界最高となった。2050 年時点では 37％（社会保障・人口問題研究所推計では 37.7％）で世界最高を維持する。生産年齢人口増減率を見ると、日本が 1996 年、中国は 2015 年にマイナスに転じた。中国はほぼ 20 年遅れてマイナスに突入し、2047 年頃に減少率が日本を上回る。既に中国社会も高齢化の影響を受けはじめているはずだ。

　しかし、街は騒々しいほど活気にあふれていて、急激な成長に社会システムの多くが間に合っていない。例えば、ナンバープレートが付いていないクルマが街を走っている。数は少ないが、しばらく街角に立ってみていれば容易に発見できるほど存在する。

　現地のガイドに聞いたところ、新車登録が間に合わず、新車に限ってナンバープレートがなくても使うことができるとのことだ。モラトリアムの期間がどの程度あるのか確認できなかったが、相当汚れたクルマでもプレート未装着があるので、個体管理よりも新車の販売、使用を優先することが妥当なほど、経済成長優先政策がとられていることがわかる。

　当然のことながら運転免許証の発給も間に合っていない。免許は 18 歳から取得可能で 70 歳で停止される。取得希望者が多すぎるので、天津市では抽選になっているとのことだった。公共交通機関は未発達なのだが、路線バスが朝夕のラッシュアワー以外は混み合っていないところをみると、クルマ社会への移行は急速に進んでいる。

　その中国で 2016 年にはじまったシェアサイクル革命を見てみよう。若い世代のライフスタイルの転換が、やがて来る急激な高齢化のなかでどう変化するのかを推測するのは、我が国の 33 年後に向けたヒントに繋がりそうに思える。急激なモータリゼーションの到来が、

いわゆる交通戦争を引き起こすのは世の習いである。為政者は経済成長とエネルギー消費のバランスをとろうと、様々に施策を立案してきたが、極めてむつかしい命題である。

　我が国の場合は、交通事故死者数がこれまでの最高記録となった1970年前後にクルマ以外の交通手段を車道から排除する施策をとった。路面電車、トロリーバス、自転車をはじめとする軽車両は、クルマの円滑な走行を阻害する要因とされた。特に自転車は、法的には車両とされながら、例外的に歩道等を通行できるとした道路交通法改正によって、やがて歩道通行が常態化し、多くの国民が歩行者の仲間だと勘違いする結果を招いた。東日本大震災以降になると、健康や環境に貢献するだけでなく、災害にも強い利点が見直された。2016年末には、その利用を促進しようと新たに法律が制定されたが、歩道通行を前提とした様々な制度が健全な自転車利用をむつかしいものにしている。

　中国では、クルマ社会の到来以前は自転車が一般的な交通手段であり、ピーク時の保有台数は5億台に迫る勢いだった。

　いまやクルマの保有台数は米国の2億5,800万台に次ぐ1億4,300万台（2014年末）に達し、その分、自転車台数は大きく減少しているものと思われる。クルマの増加傾向は衰えていないので、乗用車だけなら米国を凌駕して既に世界一に達し、深刻な大気汚染の原因になっている。

　中国第5の都市である天津市もご多分に漏れず街中の空気は排気ガスと砂塵で白濁し、PM2.5による健康被害が連日テレビで取り上げられていた。慢性的な渋滞はクルマの増大を抑制し、免許証を入手するにも制約があり、公共交通機関がまだまだ未整備な中国の大都市で、自転車への回帰がはじまっても不思議ではない。幸いにして過剰なくらい幅広い道路には自転車のための通路が既に整備済みだ。しかも、自転車の盗難率は我が国の10倍と言われており、新しい自転車を街角に駐めたら、所用を済ませて帰るまで無事である可能性は低い。

209

所有するリスクから利用者を解放したのがシェアサイクルである。もともと 2008 年の北京オリンピックに向けて、各地の行政府が観光地を中心にレンタサイクルを振興したが、成功した例は少なかった。2007 年にパリ市ではじまった「ヴェリブ」のシステムを、そっくり模倣した中国最大の観光地・西湖では 5 万台規模で運営されており、本家の 2 万 4,000 台に倍する世界最大のシェアサイクルとされていた。

4.　主役は20代の起業家たち

　2016 年に、いずれも 20 代後半の若者たちの複数のグループが、ICT を活用した新しいシェアサイクルシステムを開発し、大規模に市場投入をはじめた。2000 年頃からドイツ鉄道が提供している「コール・ア・バイク」に似たシステムだが、ほとんど規制らしい規制のない中国の道路交通事情に合わせて見事に簡素化されている。コール・ア・バイクは、市内の交差点付近等に置いてある公共自転車の車台番号を貸し出し基地に電話で伝え、鍵の解除番号を音声またはショートメールで受け取って利用する。中国の最新システムでは、街なかに放置してある公共自転車の QR コードを、スマートフォン (スマホ) の専用アプリで撮影し、借り出しボタンを押すだけで、ロックが遠隔操作で解除される。

　事前の準備は 99 元 (約 1,600 円) から 299 元 (約 4,800 円) と事業体によって異なるデポジット (保証金) をスマホを通じて支払っておくだけだ。返却は適当な路上に駐めてロックすれば 1 回 1 時間、あるいは 30 分 0.5 元 (約 8 円) から 1 元 (約 16 円) の使用料がスマホに登録した銀行口座から引き落とされる。既に大小数十社が同様のサービスを中国全土で展開しており、大手 2 社は北京、上海、天津等、100 以上の都市で合計 1,000 万台以上を配置し、さらに増強しているだけでなく、米国、英国、シンガポール市場にまで進出しはじめている。

これまで中国以外での大規模なシェアサイクルの成功例は、パリ市をはじめ、ロンドン市の1万台、ニューヨーク市の8,000台等だが、中国は各社各都市を合計すると3,000万台を超える公共自転車が、1日数千万回使われているという。桁外れである。また、この新しいビジネスには莫大な投資が集まっている。簡単に採算が合うとは思えないのだが、創業3年も経たない大手2社は、それぞれ2億米ドル以上の資金調達に成功している。

　類推してみると、50％のシェアを持つといわれている「Ofo」の場合、自転車のコストは日本円で1万2,800円とされているので、1,000万台で約1,280億円。人件費やメンテナンス等の諸費用等を含めて、年間の支出合計を1,600億円と低く仮定してみる。デポジットは1,600円に想定利用者1億人（Ofo側の発表）を掛けて1,600億円だが、これは退会時に払い戻さなければならないが、利子だけでも莫大な額だ。貸出料は1回8円が1,000万回で8,000万円の365日で、年間292億円。6年で採算が合う計算だ。

　シェアを分け合うもう一方の雄「MOBIKE」はアルミ製のシャフトドライブ式の片持ち車体と、軽めに設計された「Light」と呼ばれる車体の2種類を使用しており、前車は2万8,800円、後車は1万円ほど安いとのことなので、平均2万3,800円が1,000万台で約2,380億円。総コストを2,800億円と仮定。デポジットは4,800円と高い。会社側は数千万人と言っているが5,000万人とすると2,400億円。金利が高ければ運用益は大きい。貸出料も1回30分16円と8円の2種類あり、平均12円が1,000万回で1億2,000万円の365日で、年間438億円。こちらも6年強で採算が合う。

5.　目的達成のために割り切る

　両社ともメンテナンスを省力化するために、乗り心地や安全性を犠牲にした設計になっていて、ブレーキはトラブルの少ないドラムブ

レーキ、タイヤは空気タイヤでなくソリッドゴムでパンクはしない。変速機はもちろん、ライトも装備していないので、車体の歪みやブレーキワイヤの調整以外には手がかからない。

ただ、自転車の消耗は早い。扱いは乱暴で、わざと壊そうとしたり、車道や川等に投げ捨てるという事件も起きている。スマホを持っている人だけを客としているビジネスモデルは、学生相手にサービスをスタートさせたからだろう。大学生は中国全土で約3,000万人と言われており、これからも当分の間、増え続ける。彼らはシェアすることに抵抗感を持たず、健康や環境にも敏感だ。料金設定も学生向きに設定されており、彼らをベースとなる利用者と想定し、1990年代生まれ、1980年代生まれのICTに慣れ親しんだ層をターゲットとして制度設計を考えている。

かたや我が国のシェアサイクルの現状を見ると、彼我の差は歴然としている。東京都心10区をカバーするドコモバイクシェアも、スタートは2015年と中国大手2社より早いが、全国に19のシステムを擁しているものの総計約5,000台に過ぎない。実に2,000分の1である。過半が電動アシスト自転車であるところから、車体のコスト、メンテナンス費用は中国の数倍と考えられる。自転車を配置するにも自治体が運営主体、あるいは関与していなければ導入がむつかしく、民地を借りてポートを確保すればますますコストが積み上がる。

我が国でも全国79都市で、シェアサイクル導入の社会実験を延々と繰り返してきているが、現金、クレジットカード、ICカード等の登録、スマホや携帯電話のいずれにも対応するシステムを用意し、万人に公平な機会を提供する建前を実現することを求められるため、補助金が尽きると事業継続は危うい。従って、いつでも撤退可能な範囲でしか事業展開しないから、利用者の利便は高まらず、一向に普及しないという悪循環に陥っている。世界の1,000都市以上で、大規模に導入され、市民の新たな足となろうとしているシェアサイクルが、なぜ日本で成り立たないのか。中国の割り切り方に比べて見ると、我

が国の成熟した社会構造が「老齢意識」で支えられている事実に改めて気付かされる。

　中国の刮目すべきシェアサイクルベンチャーの拡大は、猛烈な勢いで移動し、活動する中国社会に新たな利便を与え、莫大な日銭を稼ぎ出し、稼いだ資金を投入して1日に万台の単位で新車投入を続けている。皮肉な見方をすれば、絵に描いたような自転車操業である。いつか近い将来、バブルがはじけて、破綻する事業者が続出するかもしれない。しかし、人力で移動する手段を選択肢として用意するマインドは定着するはずだ。

　自転車を発展させた「電動車」も凄まじい勢いで中国の基幹産業の一翼を担おうとしている。日本オリジナルの電動アシスト自転車のレギュレーションとは、まったく異なる性能を持った異次元の移動手段が提供されつつある。イン・ホイール・モーターのユニットが恐ろしく安価に、大量に入手でき、鉛電池からリチウムイオン電池まで、大きさも性能のよりどりみどりのバッテリー市場も生まれている。最近の中国製リチウム電池は「滅多に火を噴かない」と、大まじめに説明されて、たじろぐようでは中国の急変には向いていけない。

　我が国では原動機付き自転車のカテゴリーがあり、ペダルをこがなくてもモーターで自走する電動車には、ウインカーやブレーキランプ、ナンバープレートと自賠責保険が必須で、運転免許が必要だが、中国ではモーター定格出力が400W以下、バッテリー電圧48V以下、ペダル走行機能を有してさえいれば最高時速25km／時で電動のみで走行可能な「電動車」が運転免許無しで使える。見たところ、最高速度の基準は守られていない。完成車重量がバッテリーを含めて55kg以下であれば、車体の大きさや車輪数に規定はないから、軽トラックと見紛うもの、農作業用のミニダンプカーまでが「電動車」として売られており、大量に使われはじめている。

　免許証を取り上げられた高齢者の足として選択するには格好の乗り物である。出歩く機会を奪われた高齢者が、足腰を弱らせて寝たきり

213

になれば、若い世代の負担は増し、総体としての社会は衰退する。自分の足で移動し、出かけられる環境とツールを準備しなければ「生活の質（クオリティ・オブ・ライフ）」は実現しない。移動の選択肢ひとつとってみても、規制のバリアは隙間なく張り巡らされている。

　日本社会が陥っている迷宮は、すべてに齟齬のない完成された社会の幻想ではないかと私は思う。幻想にとらわれていては、どこまでも「満足」に近づくことはできない。

6.　未来を考えることは「子ども」を考えること

　2050年に社会はどうあるべきかを考えるとき、最もマイナスの要因となるのが高齢化だとしたら、プラスを生み出すための前提として最重要の要素はいうまでもなく子どもである。未来の国民と呼び変えてもいい。

　素晴らしく整った都市、快適で安全な環境、移動の自由さ等が実現されたとして、これを甘受する国民がいないのではいったいなんのための未来なのか。すぐれた知恵と科学が苦しい労働を軽減し、質の高い生活を提供してくれたとして、それを支え、生きる私たちの系譜は継承されているのだろうか。

　2017年のいま、理解に苦しむのは少子高齢化がもたらす様々な弊害が取り沙汰されていながら、解決が先送り、あるいは後回しにされていることの多すぎる現実である。もちろん、自然破壊や資源枯渇、環境にまつわる問題の多くが過剰な人口と野放図な経済活動によるものであることは指摘するまでもないが、これらを改善し、持続可能な社会を模索する目的もまた、人類の経済社会を支えていくことのできる人口規模を維持することのはずだ。

　人口の維持は目的でもあり、我々の存在理由の最大の一つである。

　では、我々はリプロダクツ・ヘルスのための政策を正しく選択しているだろうか。

答えは多分、前向きではない。現実は子どもを産んでくれる女性た
ちが、子どもを欲し、子育てに幸せを感じ、子育てが社会の最重要の
行為として尊重され、手厚く遇されているとはとても思えない。産ん
でくれと頼むのではなく、生み育てることが生きがいとなる社会が、
いまの時点で実現していなければ、未来についてのいかなる構想も砂
上の楼閣に過ぎない。保育園落ちた、日本死ね、は怨嗟の本音だ。

　子どもを育てる上で欠かせない素養は寛容と忍耐である。最近の日
本では、この精神が急速に薄れつつあり、社会全般に余裕がなくなっ
ている。ゆとり教育の本来の良さを全うできなかった最大の理由は、
教育水準のランクが落ちたせいでも、モノづくりで支えられてきた経
済が揺らいでいるからでもない。挑戦し、失敗し、また挑戦するとい
う精神が失われ、ちょっとした失敗や問題が起きると、他に人身御供
を見い出して、それを理由に、ひたすら批判から逃れようという「ゆ
とり」のない精神構造に追い込まれているからだ。

　責任を取るのは武士に代表される支配階級のつとめであり、最終的
な責任の取り方が切腹であった時代から、まだ200年を経ていない
のである。不手際や不適切な発言は、以前は瓦版や新聞であったもの
が、いまやテレビやインターネットを介して瞬く間に世の中に喧伝さ
れる。いったん野に放たれた「悪評」や「レッテル」は伝染病のように
はびこり、燃えさかる劫火はいずれは沈静化するものの、燠火となっ
て根強く燻り続け、真実は忘れ去られ、放逐されたという事実だけが
何度も何度もコピーされ、繰り返し引用され、インターネットの中で
は忘れられることがない。

7.「お砂場」の提唱

　こうした傾向が蔓延する社会では、当然のことながら、自己防衛を
真っ先に考える思考回路ができあがる。最終的には正しいことが証明
されたり、成功することであっても、途上において批判されたり、誤

解されて叩かれると前進できなくなるだけでなく、当事者は責任を問われ、否定され、放逐されてしまう場合すらある。その結果、明らかに成功が約束されているもの、それもすぐ好ましい結果が見えるものしか実行されなくなる。かつては、それでもチャレンジしようとする人々は多く、避難や妨害に立ち向かって闘うことも珍しくなかった。成否を判断できる立場にはないが、原子力船「むつ」についての不思議な議論を思い出す。1974年に最初の実験航海で放射能漏れを起こした「むつ」は寄港を拒否されて16年間、いくつもの港をたらい回しにされ、彷徨った。1980年代半ばに某政党内で行われた質疑を筆記した私のメモがある。母港を決めて実験を続けさせて欲しい、と懇願する日本原子力船開発事業団の説明に、絶対に失敗しないという保証がなければ認めないと政治家たちは突っぱねるのである。絶対に失敗しないのであれば実験の必要は無い、と論理の破綻を指摘する発言を期待したのだが、そのような雰囲気は皆無だった。

　発明や発見、技術革新の多くが型破りな発想や、想定不能な失敗を母としていることはよく知られている。やみくもで無謀な冒険が正しいと言っているのではない。常識にとらわれない発想は、失敗を恐れていては生まれない。チャレンジ精神の枯渇は、発想の貧困に繋がり、視野を狭くし、領域を超えた融合を容認しない。試行錯誤を許さない硬直化し萎縮する社会に、活性化は起きない。

　この閉塞した状況からの脱出のために「特区」なる概念が持ち込まれたが、限定的な規制突破に限られていて、「構造」の改革に繋がっているとは言いがたい。近年、主に金融領域からはじまった政府主導のイノベーション推進方策として「レギュラトリー・サンドボックス（Regulatory sandbox）」が注目されている。直訳すれば「規制の砂場」。子どもが自由な発想で安全に砂遊びできる「お砂場」のような実験環境を政府が提供しようというものだ。米国のアイデアを基礎に、2014年に英国金融行為規制機構（FCA）がスタートさせ、シンガポール、アブダビ、香港、オーストラリア、マレーシア、台湾等が採用。

欧州では EU 加盟国にレギュラトリー・サンドボックスの導入を可能とする法的整備を求めている。金融分野だけでなく、規制の多い産業領域でのアイデアやビジネスモデルの新規参入を促進するための取り組みとして、規制緩和の議論の外に「お砂場」を作り、その中でだけ新しい試みを実験、検証しようという虫の良い仕組みである。

　これをもう一歩進め、かつて英サッチャー政権が成功させた大規模再開発エンタープライズ・ゾーンや PFI 手法を駆使できる場として「お砂場町」を構想することができるのではないだろうか。「特区」に見られる特定の規制緩和は、その地域社会が抱えている他の規制やしきたりを同時に改革することでしか成功しない。地域社会を総体としてとらえ、地域住民の心理までを解析して来たるべき世界を合理的に説明し、理解を得るための「お墨付き」が必要である。国家の中に内在する国を作ってしまうことになるが、特定の規制を念頭に置くアプローチではなく、前提として大きな変革を想定し、細部は試行錯誤を許容しつつ詰めていく手法が期待できる。

　細かいミスや誤解が大々的に取り上げられ、合理的な変化の芽が摘まれていく現状をこれ以上放置しておくことはできない。

　例えば、人口 1,000 人規模の「お砂場町」であれば、既存のエネルギー環境を温存したまま、政府の実証実験予算を注ぎ込んで新たな構造を創造することも可能になる。一人ひとりが支払う対価を、社会全体の満足のための投資、例えば再生エネルギーへの転換コストの充当に流用するくらいの掟破りを許容されるだろう。若者にシェアサイクルを、高齢者に電動車を与えることで移動の満足を提供し、公共交通としての路線バスの整備を進めるのに、既存の交通事業者の既得権益を考慮する必要も無い。

　立ち止まって考えてみると、現代の中国はまさに国中が「お砂場町」の様相を呈している。電動車やシェアサイクルの取材を通じて、常識を覆される話をたくさん聞いたが、なかでも革新の速さについての自信に満ちた経営陣の発言に何度もたじろぐ思いをした。

天津市の「愛馬」という自転車メーカーは、既にそのほとんどの生産ラインを電動車にシフトしていたが、複数ある巨大な建屋の一つで、日量生産台数850台のラインを8本動かしていた。単純計算で6,800台である。我が国では、三つの大手メーカーが年間合計50万台の電動アシスト自転車を生産している。フル稼働したとして1日当たり約1,400台、1社当たり450台でしかない。

　生産量の比較にも驚きを覚えるが、我が国が50万台を1年かけて売るのに対して、中国ではわずか1週間で売るのである。逆の視点で見ると、我が国のメーカーが一定の生産ロットを売り尽くして、製品の見直しを行い改良して次のロットにとりかかる速さに比べると、50倍速く技術革新できる環境にあるということになる。

　もちろん、技術革新のための意欲やレベル、人材や資金等で我が国はまだまだ優位にあるかもしれない。だが、そのアドバンテージは長く続かないように思われる。かつて、電気製品やカメラが飛ぶように売れ、新製品が登場すると型落ちになって安く売りさばかれた時代には、同じような革新が日常的に現出していた。

　学生時代に計算尺の使い方を習っていたら、電気で動く計算機が登場し、机の上に載る大きさになったことに驚いていたら、それがまたたくまに小さく高性能になり、ついには胸のポケットに名刺と共に収まるまでになった変化を、驚愕する暇もなく見ていた。世界が驚異の目で見ていた日本の高度成長のタネは、いまやどこにも見あたらない。

　中国のお砂場はほぼ完全な無法地帯だ。遠くない時期に規制がはじまり、法制化も進むだろうが、我が国のコンクリート枠で固められた「お砂場」になるには、まだ当分の時間がかかる。その間の革新の速度と規模を考えると、我が国が互角に闘えるとは残念ながら思えない。

　だが、高いレベルの技術を活かして、日本ならではの「お砂場」から次の活力の芽を育てることはできるはずだ。最大の課題は政府の決断であり、この構想を理解し受け入れる適正規模・適正条件の町の発見と、その首長の度量の大きさである。しかし、子どもの未来を思い、

住みやすい街のあり方をゼロから考えようという理想があれば、少なからず進むだろう。うまく行かなかったとき、失敗が生じたときに責任の所在を追究するがあまり、誰も責任を引き受けなくなる社会が正しいとは思えない。

　「お砂場」の存在に、利害得失を計算し、危機を感じる人々もいるだろう。だが、どこで、どのように妥協し、満足しない欲求との折り合いを付けるか、模索するには 2050 年までの 33 年は充分な時間である。

《執筆者略歴》

内藤 克彦（ないとう かつひこ）［第1章、第2章、第3章各論①、⑨］

京都大学大学院経済学研究科 特任教授

1982年東京大学大学院修士課程修了、同年環境庁入庁。環境省温暖化対策課調整官、同省環境影響審査室長、同省自動車環境対策課長、港区（東京都）副区長等を経て現職。著書に「環境アセスメント入門」、「いま起きている地球温暖化」、「展望次世代自動車」、「PRTRとは何か」、「土壌汚染対策法」のすべて（以上、化学工業日報社）等多数。

大津 嘉治（おおつ よしはる）［第3章各論②］

2050年戦略研究会

石油化学会社に入社後、研究開発、エネルギー企画等の業務に従事。専門分野は有機合成。

水戸部 啓一（みとべ けいいち）［第3章各論③、④］

フリー

1971年東京理科大学卒業、同年本田技研工業㈱入社。㈱本田技術研究所にて4輪車の研究・開発に従事、欧州研究所、商品企画室、本田技研工業㈱環境安全企画室長、経営企画部長を経て2010年退社。現在、自動車に関わる研究や講演等を行う。専修大学非常勤講師、早大自動車部品産業研究所招聘研究員、NPO法人IEEI理事等に就く。
著書に「展望次世代自動車」、「グローバル競争下の自動車産業」（共に共著）

鈴木 滋（すずき しげる）［第3章各論⑤］

日野自動車株式会社 製品開発部・車両企画部主査

1975年武蔵工業大学（現 東京都市大学）機械工学科卒業、同年日野自動車㈱入社。トラック・バス用ディーゼルエンジン開発、国内外商用車の商品企画、トラック・バスのハイブリッドパワートレーン開発等を担当。現在、EVや燃料電池ほか次世代電動パワートレーンとその車両企画・構想に従事。機械学会、日本自動車技術会、SAE会員。

増永 義彦（ますなが よしひこ）［第3章各論⑥］

森トラスト株式会社 取締役不動産開発本部管掌、アセットマネジメント部長

1989年京都大学工学部建築学科卒業、同年大和ハウス工業㈱入社。
2002年森トラスト㈱入社、現在に至る。

俣野 実（またの みのる）［第3章各論⑦］

あおみ建設株式会社 土木本部理事

1972年早稲田大学理工学部土木工学科卒業、同年大成建設㈱入社。名古屋支店、北信越支店で、中央高速道路・上越新幹線工事等に従事後、本社土木技術部・土木営業部を経て、2014年11月より現職。土木学会特別上級技術者（交通）、一般社団法人日本地下鉄協会リニアメトロ推進本部首席調査役、一般財団法人土木研究センター専門調査役。

横石 めぐみ（よこいし めぐみ）［第3章各論⑦］

東北スマートコミュニティ研究会

2007年大成建設㈱入社。都市開発分野に従事。専門分野は建築計画、まちづくり事業。

松田 直治（まつだ なおはる）［第3章各論⑧］

株式会社ソニーコンピュータサイエンス研究所 OES プロジェクト・ゼネラルマネジャー

1984年一橋大学経済学部卒業。1989年ノースウェスタン大学ケロッグスクール MBA、1984年㈱三和銀行（現㈱三菱東京 UFJ 銀行）入行。Sanwa Bank California、資本市場部等を経て三和証券㈱設立後は内外資本市場での資金調達業務に携わる。その後、シティグループ勤務を経てシャープ㈱で太陽光発電事業に従事、2015年から現職。日本証券アナリスト協会検定会員。

竹林 征雄（たけばやし まさお）［第3章各論⑨］

特定非営利活動（NPO）法人バイオマス産業社会ネットワーク 副理事長

荏原製作所理事、横浜市立大学客員教授、大阪大学 RISS 特任教授、財団法人地球環境戦略研究機構上席客員研究員、国際連合大学 ZEF プログラムコーディネーター、アミタホールディングス㈱取締役、東京大学 IR3S 特任研究員、中央官庁・自治体の委員会活動を経て、現在 NPO 法人バイオマス産業社会ネットワーク副理事長、NPO 農都会議理事、一般社団法人エネルギーから経済を考える経営者ネットワーク会議（エネ経会議）理事、㈱エンビプロ顧問、㈱洸陽電機顧問。共著9冊。

小林 成基（こばやし しげき）［第4章］

特定非営利活動（NPO）法人自転車活用推進研究会

駒澤大学卒業、雑誌編集者等を経て衆議院議員公設秘書、政策担当秘書、大臣秘書官を歴任。その後、財団法人社会経済生産性本部で研究員として環境問題に関わり、自転車活用推進研究会を創設。2006年に研究会を NPO 化し、現在、理事長。国土交通省、警察庁、自治体の委員や、交通工学研究会、国際交通安全学会等でも活動。共著書に「自転車市民権宣言」（リサイクル文化社）、「コミュニティサイクル」（化学工業日報社）、「新・自転車"道交法"BOOK」（枻出版社）等。

2050年戦略　モノづくり産業への提案

エネルギー、環境、社会インフラから考える未来予想図

2050年戦略研究会　編著

2017年12月12日　初版1刷発行
2020年 4 月 2 日　初版5刷発行

発行者　織 田 島　修
発行所　化学工業日報社
☎ 103-8485　東京都中央区日本橋浜町3-16-8
電話　　03（3663）7935（編集）
　　　　03（3663）7932（販売）
振替　　00190-2-93916
支社 大阪 **支局**　名古屋、シンガポール、上海、バンコク

印刷・製本：平河工業社
DTP：ニシ工芸
カバーデザイン：田原佳子
本書の一部または全部の複写・複製・転訳載・磁気媒体への入力等を禁じます。
© 2017〈検印省略〉落丁・乱丁はお取り替えいたします。
ISBN978-4-87326-694-7　C3034